AF314984

COLLECTION

A. FEBVRE

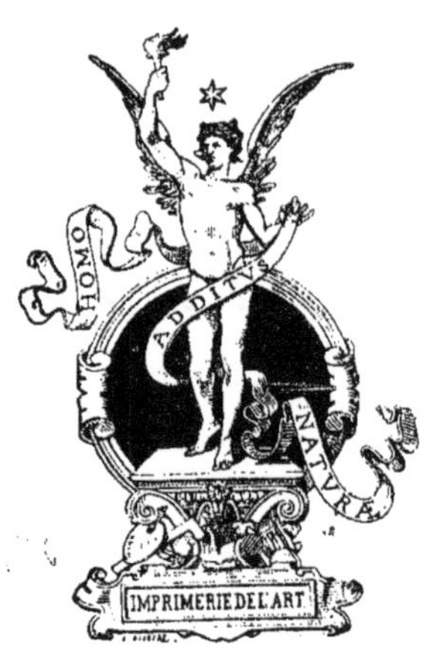

HOMO
ADDITVS
NATVRÆ
IMPRIMERIE DE L'ART

COLLECTION

A. FEBVRE

ANCIEN EXPERT

Paris. — Imprimerie de l'Art, J. Rouam, imprimeur-éditeur,
41, rue de la Victoire, 41.

CATALOGUE

DES

TABLEAUX ANCIENS

DE PREMIER ORDRE

TABLEAUX MODERNES

OBJETS D'ART

ET DE

HAUTE CURIOSITÉ

Composant la **COLLECTION** de feu **M. A. FEBVRE**, ancien expert

ET DONT LA VENTE AURA LIEU

HOTEL DROUOT, SALLES Nᵒˢ 8 & 9

Les Lundi 17, Mardi 18, Mercredi 19 et Jeudi 20 Avril 1882

A DEUX HEURES

Commissaires-Priseurs :

Mᵉ HENRI LECHAT	Mᵉ PAUL CHEVALLIER
6, RUE BAUDIN	Successeur de Mᵉ Ch. Pillet
(Square Montholon)	10, RUE GRANGE-BATELIÈRE

Experts pour les Tableaux :

M. CH. GEORGE	M. VICTOR LE ROY
12, RUE LAFFITTE, PARIS	18, RUE DES CHEVALIERS, BRUXELLES

Pour les objets d'art : M. CH. MANNHEIM, 7, RUE SAINT-GEORGES.

EXPOSITIONS

PARTICULIÈRE	PUBLIQUE
Le Samedi 15 Avril 1882.	**Le Dimanche 16 Avril 1882.**

DE UNE HEURE A CINQ HEURES

CONDITIONS DE LA VENTE

Elle sera faite au comptant.

Les acquéreurs payeront *cinq pour cent* en sus des enchères.

L'exposition mettant le public à même de se rendre compte de l'état des objets, il ne sera admis aucune réclamation une fois l'adjudication prononcée.

ALEXIS FEBVRE

———

I

Si Tallemant des Réaux, de très observatrice et de non moins indiscrète mémoire — ce dont la postérité lui rend grâce, — si Tallemant des Réaux était encore de ce monde, il n'eût pas failli à s'emparer de ce Parisien de physionomie si originale, et à lui donner une place parmi ses *Historiettes*. Il l'y eût mis en vive lumière, croquant d'un trait rapide, d'un accent incisif, le masque quelque peu faunesque au regard spirituel et franc, au sourire narquois et bon enfant, à l'accueil brusque, ouvert, orageux, jovial, massacrant, fantasque, au fond toujours bienveillant et loyal, de ce Gaulois de pure race dont les tempêtes ne dépassèrent jamais un verre d'eau. Personne ne fut moins rancunier, ne fut plus prompt à l'oubli, du moment où il ne s'agissait pas d'une mauvaise action; ah! dame, dans ce cas il mordait bien et longtemps, ce qui est tout à son honneur. En un mot, pour tous ceux qui l'ont bien connu, ce fut quelqu'un.

II

Alexis-Joseph Febvre est mort le 5 décembre dernier à Boulogne-sur-Seine, qu'il habitait en sage, dont toutes les journées se passaient à Paris où il les faisait le plus longues possible. Il avait soixante et onze ans — personne ne les lui eût donnés; — très robuste, il paraissait destiné à vivre de longues années encore, mais peu d'hommes se sont plus reposés sur une santé de fer pour n'en prendre aucun soin et se jouer des imprudences.

Né à Paris et Parisien des pieds à la tête, il avait débuté par chercher fortune à l'étranger. Il habita quelque temps la Belgique, et commença par ouvrir à Bruxelles un atelier de dorure, tout en s'occupant de tableaux chaque fois que se présentait à lui quelque occasion propice.

Bientôt la nostalgie le prit; il se hâta de rentrer à Paris et s'établit doreur sur bois, rue de Choiseul. Vers 1850, il dit adieu définitif à l'industrie à laquelle il avait demandé les premiers éléments de sa fortune, et, allant où l'appelait une véritable vocation, il devint expert en tableaux et objets d'art, et obtint justement toute la confiance de M⁰ Bonnefons de Lavialle, l'honorable prédécesseur de M⁰ Charles Pillet. Mais ce fut avec M⁰ Genevoix qu'il fit sa première vente célèbre, celle des tableaux de M. le baron de Mecklenbourg qui possédait le merveilleux Hobbema, devenu un des joyaux du Louvre. Il faudrait de longues pages pour énumérer toutes les ventes importantes auxquelles son nom est associé. Je citerai un peu à bâtons rompus les collections de MM. l'abbé Dufouleur, exclusivement composée d'une excellente série de cadres minuscules dus au pinceau des meilleurs maîtres des écoles flamande et hollandaise, — l'abbé possédait également de nombreux et fort beaux ivoires qui avaient pour unique défaut de ne remonter qu'au xvii⁰ siècle ; — le baron de Comailles chez qui l'on admirait deux superbes Boucher — *le Lever* et *le Coucher du soleil,* — grandes toiles qui ornaient son hôtel du faubourg Saint-Honoré, voisin de celui qu'occupe maintenant Mᵐᵉ Isaac Pereire, et qui, achetées par le marquis de Hertford, se voient aujourd'hui, à Londres, dans le palais de Sir Richard Wallace; — Meynier Saint-Phal, qui vingt fois décida sa vente et vingt fois l'ajourna avant de se résigner à laisser se disperser ses trésors d'art au feu des enchères; — Marcille père, chez qui l'on inventoria la bagatelle de 4,005 numéros; — le marquis de Saint-Cloud, d'Égremont, de Soyecourt, le comte d'Espagnac, Baroilhet le célèbre baryton, qui ne mettait jamais une dernière enchère sans que M⁰ Bonnefons s'écriât : « Adjugé au roi des rois! » — et la salle de murmurer *mezzo voce* : « Pour tant d'amour, ne soyez pas ingrate!... » — Moret, Berthon, Moreau-Wolsey, Théodore Rousseau, Diaz, Flers, Camille Roqueplan, Philippe Rousseau, Meffre, Louyrette, Mombro, Berryer, etc.

Chargé par M. de Salamanca, avec feu Étienne Le Roy, de la vente de la riche galerie du marquis, il fit le voyage d'Espagne en compagnie de son ami le savant commissaire-expert des musées royaux de Belgique, et de leurs choix intelligents résulta le complet succès des enchères qui eurent lieu à Paris dans l'hôtel de la rue de la Victoire.

III

Prompt en toutes choses, Febvre avait un coup d'œil sûr qui le faisait se décider sur-le-champ. En matière d'authenticité, sa conviction une fois formée, il ne fallait pas songer à l'en faire démordre; il s'y renfermait comme dans une citadelle inaccessible, et ce au grand profit de ses clients. Sourd en effet aux critiques qu'il savait trop souvent peu sincères, il défendait avec acharnement les intérêts qui lui avaient été confiés, et, intervenant fréquemment de ses propres deniers, il démontrait, en se portant acheteur maintes fois à très gros prix, l'autorité de ses attributions. Sa droiture lui attirait toutes les sympathies, et ceux à qui parfois il ne ménageait point les coups de boutoir étaient les premiers à rendre hommage à sa probité.

IV

En toutes choses il aimait à aller vite et la patience n'ayant jamais été sa vertu maîtresse, il n'était pas étranger à l'amour du changement.

C'est ainsi qu'ayant une première fois fait une fort jolie fortune, il se réveilla un beau matin pris de passion colonisatrice ; une forêt de chênes-lièges était à vendre en Algérie ; il l'achète sans plus s'enquérir et le voilà aussitôt en route. Il arrive et c'est pour voir flamber son acquisition ; les Arabes y avaient mis le feu ; elle brûlait très artistiquement ; il trouva que cela faisait tableau et reprit au plus vite, mais très philosophiquement, le chemin de Paris.

L'expertise se chargea de combler le déficit et il ne tarda pas à retomber dans le même péché en se donnant je ne sais quelle mine algérienne, plus ou moins de Mouzaïa, et qui lui fut tout aussi productive que sa défunte forêt.

Plus actif que jamais, il reparut à l'hôtel Drouot, retourna à la Curiosité, à ses tableaux, ses premières et fidèles amours, regagna très largement la partie avec un entrain endiablé et n'eut rien de plus pressé que de tout planter là à nouveau pour aller dans le Calvados, doter la population de Grandcamp, où il avait des propriétés, de parcs à huîtres modèles qu'il installa avec tous les perfectionnements imaginables. De superbes rapports insérés au *Journal Officiel* témoignèrent de l'admiration gouvernementale pour cette entreprise d'ostréiculture qui est demeurée légendaire parmi les amis de Febvre. Animé de la foi la plus robuste, il n'en rencontrait pas un sans lui promettre une bourriche que tous reçurent la semaine des quatre jeudis. Les huîtres mouraient comme des mouches, au sein des perfections protectrices dont il les entourait, et il était le dernier à s'en apercevoir, fortifié qu'il était dans ses robustes convictions par la médaille que lui avait spontanément décernée le ministère de la marine. Le pouvoir, à force de s'extasier devant le contenant, n'avait oublié que de s'occuper du contenu !

Mais Febvre ne fut jamais l'homme des illusions inébranlables. Un beau matin ses huîtres lui apparurent dépourvues de prestige. Aussi, pour s'en débarrasser, n'hésita-t-il pas à s'amputer sur-le-champ de quelques centaines de mille francs, et, tout joyeux de s'être dépêtré de ses mollusques, il revint définitivement cette fois à la peinture dont il s'occupa désormais jusqu'à ses derniers jours, bien moins au point de vue du négoce qu'en amateur tout inquiet de satisfaire ses passions d'artiste. Ce fut égalementment alors qu'il forma sa collection d'émaux et de majoliques absolument belle et qu'il tenait jalousement sous clef, ne la laissant entrevoir qu'à quelques intimes à qui il ne cachait pas qu'il l'avait uniquement entreprise au point de vue de sa réputation posthume de connaisseur sérieux.

V

Ses brusqueries ne dissimulaient que fort mal un cœur d'or. Notre confrère, M. Auguste Dalligny, n'a fait que lui rendre justice en écrivant dans *le Journal des Arts* [1] : « Le nombre de gens qu'il a obligés est considérable. » Et, même sous les apparences les plus excentriques, il avait l'art de le faire de la façon la plus délicate, ce qui est la meilleure manière de doubler le prix d'un service. Je n'en citerai qu'un exemple dont je suis à même d'attester la parfaite exactitude et parce que je sais être l'interprète fidèle d'un ami commun qui lui conserve le plus reconnaissant souvenir. La personne dont il s'agit, passionnée pour tout ce qui touche à l'art, venait subite-

1. Numéro du 9 décembre 1881.

ment d'être obligée de demander à cette passion ses moyens d'existence. Elle avait eu le bonheur de trouver le plus bienveillant accueil, suivi du plus efficace appui, chez MM. Charles Mannheim et Charles Pillet. Febvre ne lui fut pas moins serviable sur un mot de recommandation de son vieil ami Étienne Le Roy[1], et voici une des originalités auxquelles il eut recours pour être très efficacement utile au nouveau venu sans que celui-ci pût s'en douter : Un vieux brave homme infirme était mort, à peu près inconnu, entouré de petits tableaux qui avaient été sa suprême consolation ; la vente avait lieu suivant les volontés du défunt, à six heures du soir, dans son modeste et très lointain logis, vente ignorée et que le hasard avait apprise à Febvre le jour même des enchères. Il y court, achète presque tout pour rien, et c'était à peu près exclusivement des morceaux de maîtres qui lui eussent donné un gros bénéfice — un très excellent tableautin de Millet entre autres, une jeune paysanne qui est entrée dans la

---

1. Son testament, tout semé de legs généreux, témoigne de la vivacité de ses amitiés. C'est ainsi que désignant les experts chargés de la vente de ses tableaux, il prie, en souvenir d'Étienne Le Roy, son fils M. Victor Le Roy, commissaire-expert des Musées Royaux de Belgique, de se charger de cette mission avec M. Charles George, qu'il tenait avec raison en particulière estime.

collection choisie d'un amateur belge. — Il se
faisait tard ; Febvre empila ses conquêtes dans
un fiacre, et fouette cocher ! le temps de déposer
le tout dans le vestibule de la maison qu'il occupait alors rue Saint-Georges, nº 14, et de courir
dîner ou plutôt souper dans un des cabarets du
boulevard des Italiens. Il mourait de faim, avait
large appétit, fit grandement honneur au repas,
causa avec plus de verve que jamais — dans
l'intimité c'était un causeur incomparable. —
Le temps s'était si bien écoulé que ce fut à
deux heures du matin seulement qu'il se retrouva
devant sa porte. Entrer et ressortir fut l'affaire
d'un instant, et, s'étant juré de ne pas se
coucher avant d'avoir mis à exécution le projet
qu'il ruminait, il s'en alla sonner chez celui
à qui il tenait à rendre service. Le pauvre
garçon ne possédait pas le moindre domestique ;
de vieux, très vieux concierges se chargaient
de son ménage ; ils étaient chaque soir déposi-
taires de sa clef qu'un louis les décida facile-
ment à livrer à leur trouble-sommeil, et celui-ci
d'ouvrir l'appartement et d'aller droit au lit
qui se dissimulait derrière un paravent. Le
dormeur est réveillé en sursaut et le petit
Millet lui est, à la lueur d'une bougie, offert
quasi pour rien. Il croit à une plaisanterie et

répond par un refus. Febvre n'entend pas de
cette oreille-là, jette bas les couvertures, ne
s'inquiète pas de l'ahurissement provoqué par
son invasion, force sa victime à se lever, lui
tend des vêtements, la fait s'habiller quand
même : « Et maintenant chez moi ! » s'écrie-
t-il : « voilà un tableau de vendu ; il s'agit de
m'en prendre immédiatement vingt-deux autres ! »
Ainsi dit, ainsi fait, en dépit de toutes les pro-
testations de l'acheteur malgré lui.

Et Febvre de se coucher à l'aurore, en se
réjouissant du bénéfice que réaliserait son noc-
turne acquéreur. Quant à lui, il avait, comme
Titus, gagné sa journée; c'était l'essentiel pour
cet excellent homme.

VI

Des années s'étaient écoulées depuis qu'il
avait renoncé à exercer les fonctions d'expert,
et dans le monde de la Curiosité une nouvelle
génération s'était élevée pour qui il ne comptait
plus guère. Par la collection formée dans les
dernières années de sa vie et dont M. Charles
Mannheim a si savamment rédigé le Catalogue,

il inflige une leçon posthume sans réplique à
cet injuste dédain.

On réunirait difficilement aujourd'hui, et en
aussi peu de temps, de plus remarquables émaux
champlevés, de plus parfaits spécimens des
maîtres émailleurs limousins, de plus beaux
échantillons de majoliques.

La châsse du XIIIe siècle, précieux travail
des bords du Rhin, constitue, par le soin
extraordinaire et la richesse de son exécution,
un véritable modèle du genre.

Une crosse de même nature et de même
époque, mais exécutée à Limoges, n'est pas
moins intéressante.

Nardon Pénicaud, avec son adorable *Annonciation,* Jean Ier Pénicaud avec une scène tirée
de *l'Énéide,* et qui ne comprend pas moins de
vingt-deux figures, Martin Didier dit Pape avec
sa *Mise au tombeau* d'un si grand caractère.
Pierre Pénicaud avec sa série de plaques représentant *les Commandements de Dieu,* Léonard
Limousin, Pierre Raymond, Jean Courtois, —
ce dernier avec cinq assiettes exquises — Kip,
Pierre Courtois, etc., retracent dans sa plus
haute expression l'ère glorieuse des grands
émailleurs limousins de la Renaissance.

« L'Art de terre » n'avait dans l'estime de

M. Febvre qu'un champion français digne de lutter de renommée avec les maîtres de la faïence italienne. J'ai nommé Bernard Palissy.

Les fabriques de Pesaro, de Deruta et de Castel Durante ne comptent chacune qu'une seule pièce; en fin connaisseur Febvre s'était surtout attaché aux élégances sévères, aux fantaisies châtiées d'Urbino et aux éblouissements de Gubbio parmi lesquels deux plats de Maestro Giorgio scintillent du plus magnifique éclat.

Il est bien curieux ce plat de 1528 qui nous offre la traduction italienne de *l'Enfant prodigue* d'Albert Dürer, — *traduttore traditore,* — vrai morceau de grand collectionneur ou de musée; le contraste est frappant avec cette *Silvia Bella* dont le buste, daté de 1531, s'enlève sur un fond jaune mordoré bordé de dauphins, de cornes d'abondance, de trophées d'armes, etc., marli très décoratif qui étincelle de reflets métalliques bleu nacré.

VII

Pour la peinture, c'était tout autre chose; Febvre n'avait jamais cessé de se maintenir dans le mouvement; il y avait même constamment été plus que personne, et vaillamment toujours au premier rang.

Lorsqu'il habitait la Belgique il alla visiter la Hollande. L'accueil que lui firent les deux pays l'y ramena souvent; il étudia avec une enthousiaste sagacité les splendeurs de Rubens, les mystères de Rembrandt et les créations des disciples, reflets de ces deux génies. Mais si les écoles des Flandres et de la Néerlande eurent ses constantes prédilections, s'il ne versa jamais dans l'éclectisme, il n'en commit pas moins plus d'une heureuse infidélité à ses passions dominantes, en faveur d'un séducteur vénitien, de ce Francesco Guardi qui le fascinait par son esprit, question d'intelligente affinité, et en faveur des galants artistes français du xviiie siècle. Enivrants interprètes des grâces féminines, Watteau, Boucher, Lancret reçurent maintes fois ses dévotions et les gens de goût applaudirent unanimement à ses adorations qui firent entrer plus d'un morceau précieux de ces maîtres, un instant si sottement dédaignés, dans la galerie du marquis de Hertford, de tous les connaisseurs le plus difficile à satisfaire.

Febvre n'avait pas dressé des autels éphémères à ces charmeurs du pinceau en qui s'est si profondément incarné non seulement l'esprit français, mais le plus pétillant esprit parisien, une sorte d'extrait, de la *Parisine*, comme disait Nestor Roqueplan.

Si Cuyp, Van Dyck, Fyt, — un Fyt superbe — Van Goyen, Hobbema, Metsu, Van der Neer, Adriaan van Ostade, Rubens, Jacob Van Ruisdael, Jan Steen, Teniers, Wouwerman, etc., se retrouvent tout naturellement dans sa collection, — à côté d'un fort intéressant Flamand, un oublié, très injustement oublié, le Bruxellois Volders, — on y rencontre cette *Ile enchantée* de Watteau que posséda Sir Joshua Reynolds, de Boucher la délicieuse *Toilette de Vénus*, œuvre capitale datée de 1742 et qui occupait une place d'honneur chez le prince Anatole de Démidoff, et les piquantes *Lavandières* de 1760 qui ornaient à San Donato le cabinet du prince Paul; enfin de Nicolas Lancret cette irrésistible *Ronde champêtre,* que je cite la dernière parce qu'elle me permet de signaler une fois de plus un de ces traits si nombreux dans la vie de Febvre et qui assurent un long et sympathique respect à sa mémoire. Il avait possédé cette toile célèbre et ne s'était décidé à s'en séparer que sur les instances d'une tierce personne. Celle-ci avait revendu le tableau à un collectionneur dont l'importante galerie fut, il y a un an, l'objet d'une des dernières mais non des moins brillantes victoires remportées par Mᵉ Charles Pillet.

On avait beaucoup jasé avant les enchères, et d'aucuns prédisaient de cruels mécomptes au propriétaire.

Febvre ne dit mot, se rendit à la vente, y fit de nombreux achats, et lorsque *la Ronde champêtre* fut mise sur table, haussant d'un seul coup de la bagatelle de vingt mille francs, il racheta son tableau au prix que l'avait payé le vendeur.

Je m'arrête; ceci le peint tout entier et le loue mieux et plus dignement que personne ne saurait le faire.

Paul Leroi.

ÉCOLE FRANÇAISE

DÉSIGNATION

BAUDOUIN

(Attribué à PIERRE-ANTOINE)

Né à Paris en 1723. — Mort en 1769.

1 — *La Surprise.*

Dans une pièce en forme de rotonde, ornée de colonnes et très élégamment meublée, deux amoureux, surpris par quelque visite inattendue, se sont cachés précipitamment derrière les grands rideaux verts d'un lit à dôme. La dame montre son visage effaré entre les rideaux.

A gauche, une table servie devant la cheminée. A droite, pêle-mêle sur un fauteuil, une robe de soie, un habit de velours, un tricorne, un chapeau à plumes et rubans.

Bois. Haut., 44 cent.; larg., 36 cent.

BOUCHER

(FRANÇOIS)

Né à Paris en 1704. — Mort en 1770.

2 — *La Toilette de Vénus.*

La déesse, assise sur un tertre, reçoit les soins de

ses nymphes, qui la parent de perles. Un Amour lui présente le miroir, et un autre essaye ses flèches.

Charmant tableau, très ferme d'exécution.

Signé et daté 1742.

Collection de San Donato, 1870.

Gravé par Abot.

Toile. Haut., 1 m. 26 cent.; larg., 1 m. 46 cent.

BOUCHER
(FRANÇOIS)

3 — *Les Lavandières.*

A droite, des blanchisseuses que vient surprendre un jeune gars qui s'est faufilé parmi les rochers et les arbres de la forêt.

Belle qualité. Signé et daté 1760.

Gravé dans *l'Art* par L. Desbrosses.

Vente de San Donato, n° 1479 du catalogue.

Toile. Haut., 49 cent.; larg., 58 cent.

BOUCHER
(FRANÇOIS)

4 — *La Musique.*

Une jeune fille, blonde, personnifie la Musique. Étendue sur un nuage, dans une pose pleine de grâce, elle agite un tambour de basque. L'Amour lui offre une guirlande de fleurs. Elle est vêtue d'une tunique blanche et d'une ample écharpe de soie bleu d'azur qui ondule derrière elle, l'entoure et vient se replier sur les genoux. A côté d'elle est une couronne de laurier.

Œuvre charmante pour la facilité de l'exécution, la fraîcheur et l'éclat du coloris.

Toile. Haut., 1 m. 8 cent.; larg., 1 m. 40.

BRUANDET
(LOUIS)
Mort en 1803.

5 — *Vue d'un parc.*

Des personnages sont en promenade dans un parc, autour d'un grand bassin alimenté par une belle fontaine ornée de lions en bronze et couronnée par les statues de Neptune et d'Amphitrite.

Bois. Haut., 59 cent.; larg., 50 cent.

CHARLIER
(JACQUES)
XVIIIᵉ siècle.

6 — *Le Sommeil des Bacchantes.*

Guidés par l'Amour, des faunes surprennent des bacchantes endormies.
Très belle gouache.

Haut., 48 cent.; larg., 36 cent.

DESPORTES
(FRANÇOIS)
Né en 1661. — Mort à Paris en 1743.

7 — *La Chasse au sanglier.*

Le sanglier, vu de face, est aux prises avec la meute. Deux chiens sont renversés et blessés.
Signé à gauche.

Toile. Haut., 90 cent.; larg., 1 m. 16 cent.

DROUAIS

(François-Hubert)

Né à Paris en 1727. — Mort en 1775.

8 — *Portrait de la marquise de Pompadour.*

A mi-corps, presque de face, les cheveux frisés et poudrés. Elle est vêtue d'une robe blanche décolletée et à manches courtes, laissant les bras nus. De la main droite elle ramène sur sa poitrine une peau de léopard, fixée à l'épaule par un cordon rouge. Elle porte un collier et un bracelet de perles.

Ce portrait, de tout point ravissant, est signé ainsi : *Drouais le fils 1760.*

Toile. Haut., 64 cent.; larg., 52 cent.

FRAGONARD

(Honoré)

Né à Grasse en 1732. — Mort à Paris en 1806.

9 — *La Fontaine.*

Deux enfants se suspendent au tablier d'une jeune fille qui emplit un seau à une fontaine de style égyptien, surmontée de statues supportant une sphère. A droite, deux dindons, et contre la porte d'un hangar, une amphore, un poêlon, des poteries.
Esquisse d'un effet très vigoureux.

Toile. Haut., 48 cent.; larg., 60 cent.

FRAGONARD

(Honoré)

10 — *Étang dans un bois.*

Deux petites filles sont entrées dans l'eau pour faire la pêche aux écrevisses. Un chien aboie contre des canards. Un sentier longe la berge plantée de saules et couverte de broussailles et de buissons.

Toile. Haut., 64 cent.; larg., 72 cent.

FRAGONARD

(Attribué à)

11 — *Les Lavandières.*

Elles font la lessive dans un souterrain où monte une épaisse buée.

Toile. Haut., 42 cent.; larg., 48 cent.

GREUZE

(Jean-Baptiste)

Né à Tournus en 1725. — Mort en 1805.

12 — *L'Effroi.*

Le charmant et sympathique visage d'une jeune fille blonde, vue de trois quarts, se détache sur un ciel orageux. Ses cheveux et la voilette qui les couvre sont soulevés par le vent. Elle joint les mains à hauteur du menton et sa physionomie exprime la crainte.

Peint de verve. De haute qualité.

Gravé par Salmon.

Bois. Haut., 45 cent.; larg., 38 cent.

GREUZE
(Jean-Baptiste)

13 — *Tête d'enfant.*

Garçon d'une douzaine d'années, à la chevelure blonde, bouclée, la tête légèrement inclinée sur l'épaule gauche. Il est vêtu d'un habit gris et d'un gilet rouge entr'ouvert sur la poitrine. — Buste.

Charmant tableau, de la meilleure facture de l'artiste.

Toile. Haut., 46 cent.; larg., 37 cent.

GREUZE
(Jean-Baptiste)

14 — *Portrait du peintre.*

« Le maître s'est représenté assis à une table, la plume à la main, la tête poudrée et tournée de trois quarts vers la droite.

« Excellent portrait que Greuze peignit pour M. le commandeur Nicolas de Demidoff, son protecteur. »

Vente San Donato, n° 1472 du catalogue.

Haut., 91 cent.; larg., 71 cent.

LAGRÉNÉE
(Louis-Jean-François)

Né à Paris en 1724. — Mort au Louvre en 1805.

15 — *Le Sommeil de Vénus.*

Accoudée sur un tertre, la déesse est mollement couchée sur un flot de draperies blanches et roses. Cupidon est aussi endormi, la tête appuyée sur le genou de sa mère ; son carquois est suspendu à une branche d'arbre.

Signé : *L. Lage. 1770.*

Cuivre. Haut., 23 cent.; larg., 20 cent.

LAGRÉNÉE

(Louis-Jean-François)

16 — *La Baigneuse.*

Nue, assise au bord d'un ruisseau, les jambes croisées, un pied dans l'eau, une jeune fille regarde avec curiosité deux tourterelles qui se becquettent sur le sable.

Toile. Haut., 72 cent.; larg., 90 cent.

LANCRET

(Nicolas)

Né en 1690. — Mort à Paris en 1743.

17 — *La Ronde champêtre.*

« Au milieu d'un gai paysage, des jeunes gens se livrent au plaisir de la danse autour du mât qui leur a servi de but pour le tir à l'arc.

« Un jeune garçon, vêtu d'un élégant justaucorps bleu ciel, mène joyeusement la ronde, entraînant à sa suite une ravissante jeune fille en costume rose. Le cavalier à qui elle donne l'autre main porte un coquet vêtement rose et blanc. Tous les autres couples suivent la ronde animée.

« A gauche, près d'un paysan tenant un enfant dans ses bras, est assis le joueur de musette qui conduit la danse.

« Près de là, d'autres jeunes gens et jeunes filles attendent le moment de se livrer à leurs ébats.

« A droite, deux galants offrent des fleurs à une jeune femme près de laquelle ils s'empressent et, près d'eux, une autre reçoit la déclaration de son voisin.

« Des arcs et des flèches sont à terre.

« Ce délicieux tableau, dans lequel on ne compte pas moins de vingt et un personnages, peut être regardé comme l'œuvre la plus complète en même temps que la plus gracieuse qui soit sortie des mains de ce maître. On y trouve réunis tout le charme et l'esprit qui caractérisent l'École française au xviiie siècle. »

Parfaite conservation.

Collection de M. le baron de Beurnonville.

Gravé par Ch. de Billy.

Toile. Haut., 86 cent.; larg., 1 m. 3o cent.

LANCRET

(Nicolas)

18 — *La Bonne Aventure.*

Dans l'allée ombreuse d'un parc, deux jeunes femmes ont rencontré une bohémienne qui leur dit la bonne aventure.

Toile. Haut., 37 cent.; larg., 29 cent.

LANCRET

(Nicolas)

19 — *L'Escarpolette.*

Dans une clairière, à l'ombre des grands arbres, des couples galants se reposent sur le gazon, entourant une jeune dame, vêtue de satin jaune. Elle est assise sur le siège de l'escarpolette que fait mouvoir, en tirant sur une corde, un jeune homme portant un pourpoint de velours rouge.

A droite, une dame, debout, joue de l'éventail; une autre s'accoude sur un mur d'appui.

Toile. Haut., 6o cent.; larg., 74 cent.

LANCRET

(Attribué à Nicolas)

20 — *La Cueillette des poires.*

« A gauche, près d'une fontaine monumentale, plusieurs jeunes femmes sont assises et admirent la beauté des fruits épars à leurs pieds. Un galant prépare un ravissant bouquet. A droite, monté sur une échelle, un paysan cueille des poires, qu'il jette dans le tablier d'une jeune fille, pendant qu'un autre personnage donne des coups de bêche au pied de l'arbre.»

Toile. Haut., 95 cent.; larg., 78 cent.

LANCRET

(Attribué à Nicolas)

21 — *La Rose offerte.*

Deux amoureux sont assis sur un tertre, au pied d'un bouquet d'arbres. Son chapeau à la main, le galant présente une rose que la belle saisit avec empressement. Elle est vêtue en bergère Louis XV, corsage rose agrémenté de rubans bleus et tablier retroussé sur la jupe.

Toile. Haut., 73 cent.; larg., 73 cent.

LARGILLIÈRE

(NICOLAS)

Né à Paris en 1656. — Mort en 1746.

22 — *Jeune Femme, en chasseresse.*

Vêtue d'un costume aux nuances claires, tenant une perdrix d'une main, son fusil de l'autre, elle est debout devant un tertre où sont jetées plusieurs pièces de gibier.

Esquisse.

Haut., 22 cent.; larg., 16 cent.

LA TOUR

(MAURICE QUENTIN DE)

Né à Saint-Quentin en 1704. — Mort en 1788.

23 — *Portrait du père de Chardin.*

De face, les cheveux poudrés.
Préparation au pastel.

Haut., 31 cent.; larg., 25 cent.

LOO

(AMÉDÉE-PHILIPPE VAN)

Né à Turin en 1715. — Mort en ?.

24 — *Portrait d'une dame et de sa fille.*

La dame est assise et porte une robe de soie jaune à ramages, avec nœud de soie grise au corsage; bonnet, tour de cou et manchettes en dentelle. Elle a la main appuyée sur l'épaule de sa fille qui est debout, en robe de soie bleue, et tient une pêche.

Toile. Haut., 1 m.; larg., 80 cent.

MARNE

(Jean-Louis de)

Né à Bruxelles en 1744. — Mort à Paris en 1829.

25 — *L'Abreuvoir*.

A gauche, une fontaine, construite auprès d'un vieux chêne dont les branches retombent en berceau, alimente un ruisseau où viennent se désaltérer des moutons conduits par une bergère tenant une quenouille.

Une lavandière se tient debout contre la fontaine, une main sur la hanche, un baquet sur la tête. Un paysan à cheval se penche pour embrasser une autre lavandière qui se débat en riant.

Une vache s'abreuve, un chien court, un autre chien ramasse un os. Montée sur son âne, une laitière qui revient de la ville soutient devant elle un petit garçon armé d'une baguette et assis à califourchon sur le cou de la bête.

Au second plan, sur la grand'route, un homme conduit sa vache.

Bois. Haut., 42 cent.; larg., 54 cent.

NATTIER

(Jean-Marc)

Né en 1685. — Mort à Paris en 1766.

26 — *Portrait de Gabrielle-Émilie le Tonnelier de Breteuil, marquise du Chastelet*.

Assise, de face, tête nue, les cheveux ramenés en arrière, vêtue d'une tunique de soie blanche décolletée, avec manteau de satin rouge drapé sur les genoux, elle s'appuie négligemment du bras gauche sur un livre ouvert, portant pour titre : *Traité de l'Amour et de l'Amitié*. Le bras droit est étendu, la main ouverte.

Pour fond, un ciel gris sur lequel se détachent les rameaux verts d'un chêne, au tronc enlacé de lierre.

Gravé par Gaujean.

Toile. Haut., 1 m. 42 cent.; larg., 1 m. 10 cent.

NATTIER
(JEAN-MARC)

27 — *Portrait de Madame de Forcalquier.*

Représentée à mi-corps, de face, assise, en robe de satin blanc légèrement décolletée et à manches bouffantes. Une guirlande de fleurs descend en écharpe de l'épaule droite; d'autres fleurs ornent ses cheveux qui sont poudrés. De la main gauche, elle flatte un petit chien qui aboie contre une perruche perchée sur sa main droite.

Le fond représente une campagne avec pont sur une rivière et château fort dans le lointain.

Toile. Haut., 1 m. 3o cent.; larg., 97 cent.

PATER
(JEAN-BAPTISTE-JOSEPH)
Né à Valenciennes en 1696. — Mort à Paris en 1736.

28 — *La Fête galante.*

Quatre jeunes filles apportent des corbeilles de fleurs et enguirlandent un Terme du dieu Pan, placé sous une niche, devant un massif de verdure. Complétant ce groupe gracieux, trois bergères, dont l'une se dispose à jouer de la musette, sont assises sur le gazon, contre une fontaine que surmonte un petit Triton à cheval sur un dauphin.

Plus en avant, on joue au colin-maillard. Un galant s'empresse auprès de deux jeunes filles et, poussé par l'Amour, il a saisi la première pour l'embrasser. Celle-ci, en corsage de soie rose, en jupe bouffante de satin blanc, soulève le bandeau qui couvrait ses yeux.

Trois autres petits Cupidons planent au-dessus d'eux.

Au second plan, à droite, on aperçoit deux amoureux assis sous les arbres, auprès d'un rocher tapissé de lierre.

Gravé par Champollion.

Toile. Haut., 61 cent.; larg., 74 cent.

PATER

(JEAN-BAPTISTE-JOSEPH)

29 — *Les Plaisirs du bain.*

Un essaim de jeunes femmes, mignardes et pimpantes, s'est éparpillé autour d'un bassin alimenté par une jolie fontaine que surmonte un groupe de Tritons. Une baigneuse prend plaisir à recevoir l'eau qui tombe en pluie, débordant de la vasque.

En premier plan, à droite, deux femmes en peignoir, l'eau à moitié jambes, marchent avec précaution dans le bassin. Sur la berge, à l'ombre des arbres séculaires, étalant leurs toilettes dans l'herbe, cinq élégantes prennent une collation.

A gauche, une dame debout, tenant un éventail, cause avec une autre dame, en satin rouge, étendue sur le gazon ; une troisième, à demi vêtue, assise au bord de l'eau, excite du geste deux chiens qui nagent.

Un peu plus loin, devant une villa à l'italienne, sous une draperie rouge suspendue aux branches on entoure et on fête celle qui paraît être la reine de toutes ces beautés. On lui présente des fruits dans une corbeille.

Trois jeunes gens, des indiscrets, se sont faufilés à travers les buissons du parc et se cachent derrière la draperie.

On ne compte pas moins de trente et une figures dans cette charmante composition.

Toile. Haut., 55 cent.; larg., 76 cent.

PRUD'HON

(PIERRE)

Né à Cluny en 1758. — Mort à Paris en 1823.

30 — *La Chute des Anges rebelles.*

Composition séparée en deux groupes distincts : dans la partie supérieure, Dieu le Père, porté par des anges, vêtu d'une tunique blanche et d'un manteau bleu qui flotte, les bras surélevés, les mains armées de la foudre ; dans la partie inférieure, les anges déchus, se tordant dans les convulsions du désespoir.

Belle esquisse, très énergique, signée : *P. Prudhon.*

Collection Laperlier.

Haut., 48 cent.; larg., 29 cent.

SWEBACH

(JACQUES-FR.-JOSEPH)

Né en 1769. — Mort en 1823. — Metz.

31 — *Convoi militaire.*

Un officier s'apprête à monter à cheval et donne des ordres à un dragon qui escorte une voiture.

Un paysan charge une botte de paille dans la charrette où une vivandière montre du doigt le point vers lequel on se dirige. Dans le lointain le convoi défile entre les tentes d'un camp.

Paysage accidenté.

Signé : *Swebach,* 1804.

Toile. Haut., 80 cent.; larg., 1 m.

TAUNAY

(NICOLAS-ANTOINE)

Né à Paris en 1755. — Mort en 1830.

32 — *L'Hymne à la Patrie.*

Debout sur une estrade, une femme, vêtue de blanc, chante, entourée de nombreux musiciens jouant de divers instruments à cordes.

Entre les colonnes d'un portique, on aperçoit au loin la campagne, avec des constructions à l'italienne.

Qualité remarquable.

Bois. Haut., 16 cent.; larg., 22 cent.

2

TRINQUESE

(J.)

École française, xviii⁰ siècle.

33 — *Portrait du peintre.*

De grandeur naturelle, à mi-jambes, le corps de face, la tête de trois quarts. Cheveux blancs frisés. Drapé dans une robe de chambre en soie rouge doublée de vert, la main droite sur la hanche, la gauche appuyée sur l'angle d'une console dorée à dessus de marbre.

Fond uni.

Très beau portrait.

Toile. Haut., 1 m. 28 cent.; larg., 94 cent.

VIDAL

34 — *Pêches et Raisins sur une table.*

Signé.

Toile. Haut., 22 cent.; larg., 27 cent.

WATTEAU

(Antoine)

Né à Valenciennes en 1684. — Mort en 1721.

35 — *L'Ile enchantée.*

« A droite et à gauche, de grands arbres qui bordent un lac, derrière lequel se déroule une chaîne de montagnes.

« Au premier plan, à droite, un cavalier et une dame se promènent.

« Tout le côté gauche est occupé par huit autres cavaliers et sept dames étendues sur l'herbe où ils devisent d'amour. Un couple est debout dans le coin à gauche. »

Collections de M. Cartaud, de Sir Joshua Reynolds et de M. Holworthy.

Galerie de M. John W. Wilson, n° 25 du Catalogue.

Gravé par J. P. Lebas et par G. Greux.

Toile. Haut., 46 cent.; larg., 56 cent.

WATTEAU

(Attribué à Antoine)

36 — *Le Lorgneur.*

Debout, vêtu à la mode espagnole, en pourpoint de velours rouge à crevés, avec fraise et manchettes bouillonnées, un guitariste regarde tendrement une jeune dame assise à terre, vue de profil, un éventail à la main et vêtue de soie jaune. A côté d'elle un jeune homme joue de la flûte.

Bois. Haut., 40 cent.; larg., 28 cent.

37 — *La Leçon de flûte.*

Un berger assis sur l'herbe, un panier de raisins entre les jambes, s'apprête à jouer de la flûte. Il adresse un propos galant à une jeune femme assise à côté de lui. Elle est coiffée d'une toque rose et porte un corsage à raies de couleurs, et une jupe rouge sur laquelle elle retrousse son tablier.

Bois. Haut., 40 cent.; larg., 28 cent.

ÉCOLE FRANÇAISE

38-39 — *Louis XVI et Marie-Antoinette.*

Le roi et la reine sont représentés en costumes de
cour.
Deux petits portraits de forme ovale.

Toile. Haut., 33 cent.; larg., 28 cent.

ÉCOLE FRANÇAISE

(XVIIIᵉ SIÈCLE)

40 — *Portrait de femme.*

Jeune femme de trois quarts, les cheveux frisés et
poudrés, en peignoir blanc bordé de dentelles avec
nœud à raies bleues sur la poitrine.

Toile, forme ovale. Haut., 64 cent.; larg., 53 cent.

ÉCOLE FRANÇAISE

(XVIIIᵉ SIÈCLE)

41 — *Le Seigneur bienfaisant.*

Jolie esquisse.

Haut., 38 cent.; larg., 53 cent.

ÉCOLES

FLAMANDE, HOLLANDAISE

ITALIENNE ET ESPAGNOLE

DÉSIGNATION

BEGYN

(ABRAHAM)

Mort à la fin du XVIIe siècle. (École hollandaise.)

42 — *Un Parc.*

Une chèvre, un bélier, des dindons auprès de ronces et de chardons, devant un mur surmonté d'un vase en pierre sur lequel est un paon. Un cavalier, une amazone et un fauconnier sont arrêtés, au second plan, au pied d'un escalier qui conduit à une terrasse ornée d'une fontaine.

Toile. Haut., 95 cent.; larg., 76 cent.

BERCKHEYDE

(GERRIT)

Né en 1638. — Mort en 1698.

43 — *Le Dam.*

« La place de Dam, à Amsterdam ; la partie droite est dans l'ombre ; toute la partie gauche est vivement éclairée. Une foule de figures animent la scène.

« A gauche, l'angle du palais, sur la base duquel on lisait la signature du maître, qui a été remplacée par celle de Van der Heyden ; sous cette dernière, on a retrouvé quelques traces très visibles du nom de Berckheyde.

« Collection du comte de Rougé. »

Galerie de M. John W. Wilson, n° 28 du catalogue.

Toile. Haut., 78 cent.; larg., 93 cent.

BERCHEM

(Nicolaas)

Né à Harlem en 1624. — Mort en 1683.

44 — *Paysage et Animaux.*

Un paysan, coiffé d'un feutre gris, vêtu d'une peau de mouton, revient des champs assis sur son âne. Il s'est arrêté pour causer avec un villageois debout derrière une vache rousse, vue de profil. A droite, un chien au pied d'un arbre. Ciel chargé de nuées grisâtres.

Signé.

Bois. Haut., 31 cent.; larg., 27 cent.

BRAUWER

(Adriaan)

Né à Harlem en 1608. — Mort à Harlem en 1639.

45 — *La Rixe.*

Dans un cabaret, un homme, une cruche à la main, veut frapper son adversaire qui est assis sur une chaise ; un troisième personnage saisit le bras du furieux pour le retenir; à gauche, sur la table, des dés et une cruche renversée.

Collection de M. le baron de Beurnonville.

Bois. Haut., 25 cent.; larg., 19 cent.

BRAUWER

(Adriaan)

46 — *Le Fumeur*.

Coiffé d'un bonnet rond, vêtu d'une veste gris-clair et de culottes brunes, il est assis sur un tonneau, un coude sur la table, un pied sur une grosse pierre. La pipe à la main, il rejette avec délices une bouffée de fumée qu'il regarde tournoyer en l'air. Un camarade s'est endormi sur la table, la tête enfouie sous un feutre à larges bords retroussés, le front appuyé sur le bras. Près d'une porte, au fond de la pièce, est un troisième personnage.

Signé de l'initiale *B*.

Bois. Haut., 33 cent.; larg., 25 cent.

BREYDEL

(Charles, dit le Chevalier)

Né à Anvers en 1677. — Mort à Gand en 1745.

47 — *Combat de cavalerie*.

Dans une plaine, deux corps de cavalerie se chargent avec furie. Sur le premier plan, plusieurs combattants sont désarçonnés.

Toile. Haut., 43 cent.; larg., 56 cent.

CUYP

(AELBERT)

Né à Dordrecht en 1605. — Mort en 1691.

48 — *Le Mangeur de moules.*

Commodément installé devant sa forge, un maître forgeron, le couteau à la main, se délecte en mangeant les moules qui emplissent un plat de belle dimension posé sur un tonneau, entre ses jambes.

Debout devant lui et semblant partager sa satisfaction, se tiennent ses deux enfants : un petit garçon joufflu et souriant et une fillette, déjà grande, en casaque rouge et tablier blanc. Celle-ci apporte les deux compléments obligatoires du repas, la canette et la pipe. Un chien blanc et roux est couché auprès du tonneau.

A droite, dans l'embrasure d'une fenêtre, apparaissent les bustes de deux notables de l'endroit, correctement vêtus de noir, assistant avec complaisance à cette scène de bonheur rustique.

Au fond de la pièce, un ouvrier s'approche d'une meule. Des outils de toutes sortes, des pinces, des tenailles, des marteaux, une enclume, un étau, garnissent l'atelier.

Des poules picorent parmi les coquilles de moules qui jonchent le sol. A gauche, sur le côté d'une boîte pleine de ferraille, sont tracées les initiales du peintre : *A. C.*

Excellent tableau du maître, d'un pinceau très moelleux, d'un coloris plein de vigueur et d'harmonie.

Collection Charles Hanbury Tracy.

Smith, *Catalogue raisonné*, tome V, page 335. n° 178.

Bois. Haut., 5o cent.; larg., 75 cent.

DYCK

(Anton Van)

Né à Anvers en 1599. — Mort à Londres en 1641.

49 — *L'Adoration des Bergers.*

Assise devant les colonnes cannelées d'un ancien palais, la Vierge Marie, la tête enveloppée d'un long voile, est vêtue d'une robe rose et d'un manteau bleu. Soulevant ce manteau, elle découvre l'Enfant Jésus endormi sur ses genoux. Trois bergers sont en adoration. Saint Joseph, debout derrière la Vierge, élève ses regards vers le ciel où apparaissent des anges, dont un déploie une banderole.

Belle esquisse peinte par de légers frottis dans des tons transparents et avec une extrême sûreté de main.

Collection de M. le baron de Beurnonville.

Panneau. Haut., 56 cent.; larg., 41 cent.

DYCK

(Anton Van)

50 — *Portrait équestre d'un commandant d'armée.*

C'est un jeune prince, tête nue, portant la cuirasse et un manteau rouge qui flotte. Il monte un cheval gris pommelé qui se cabre. La main gauche tient la bride, la droite est appuyée sur le bâton de commandement.

Esquisse légèrement peinte dans une tonalité argentine, très délicate.

Bois. Haut., 37 cent.; larg., 28 cent.

DYCK

(Anton Van)

51 — *Henriette d'Angleterre et ses deux enfants.*

Esquisse en grisaille pour le célèbre tableau qui a été gravé par Strange.

Bois. Haut., 31 cent.; larg., 23 cent.

EVERDINGEN

(Aelbert van)

Né à Alkmaar en 1621. — Mort en 1675.

52 — *Un Gros Temps.*

Le ciel se couvre, la mer est agitée, les bateaux de pêche rentrent au port. Au loin, toute une flotte reste en panne.

Toile. Haut., 1 mètre; larg., 1 m. 25 cent

FYT

(Johannes)

Né à Anvers en 1625. — Mort en ?.

53 — *Gibier et Fruits.*

Un lièvre, des perdrix, des petits oiseaux, une gibecière, des raisins rouges et blancs, sont posés à terre, auprès d'un fragment de sculpture, sur lequel est grimpé un chat qui avance la patte vers le gibier.

Un rideau violet est jeté contre un panier plein de pêches, de poires et de raisins. Au sommet du panier, sur un cep, est perché un perroquet gris.

Important tableau du maître, un chef-d'œuvre dans toute l'acception du mot !

Signé à droite, dans le fond : *Johannes Fyt.*

Collection Mailand.

Gravé par Edmond Yon.

Toile. Haut., 1 m. 10 cent.; larg., 1 m. 68 cent.

GOYEN

(Jan Van)

Né à Leyde en 1596. — Mort à La Haye en 1656.

54 — *Le Zuyderzée.*

La mer est jaunâtre et couverte de petites vagues régulières. Les bateaux de pêche sont échelonnés de distance en distance vers la droite, jusqu'à l'horizon où l'on aperçoit plusieurs vaisseaux de haut bord.

A gauche, deux pêcheurs conduisent un canot et du même côté, plus loin, quelques barques sont amarrées à l'extrémité d'une estacade.

De beaux nuages gris, aux contours ensoleillés, montent dans l'atmosphère, laissant au milieu du ciel une éclaircie d'un bleu cendré.

La coloration générale est blonde et transparente, l'exécution légère et facile.

Signé du monogramme et daté 1655 : — époque où l'artiste était dans toute la plénitude de son talent.

Bois. Haut., 41 cent.; larg., 56 cent.

GOYEN

(Jan Van)

55 — *Un Canal en Hollande.*

Les habitations pittoresques, construites à droite au bord de l'eau, le petit escalier qui sert à franchir l'arche élevée sur un ruisseau, le bateau amarré à côté, le canot conduit par deux pêcheurs, se reflètent comme dans un miroir sur la surface unie d'une rivière qui se prolonge dans l'éloignement sous un ciel brumeux, chargé de nuées grisâtres.

A gauche, deux bouées sont attachées à des pieux. Sur l'une l'artiste a tracé la date 1630.

Bois. Haut., 47 cent.; larg., 65 cent.

GUARDI

(Francesco)

Né à Venise en 1712. — Mort en 1793.

Les quatre tableaux catalogués ci-après, sous les n⁰ˢ 56, 57, 58 et 59, sont de même dimension et forment un ensemble remarquable et du plus haut intérêt. Ils reproduisent et résument Venise sous ses aspects les plus séduisants, à différentes heures de la journée.

L'originalité de l'exécution, la franchise et la vivacité de la touche, le charme du coloris, l'importance des Vues représentées, placent ces quatre splendides peintures au nombre des œuvres les plus accomplies qui soient sorties du pinceau du grand artiste vénitien. En outre, elles sont dans un état parfait de conservation.

56 — *Piazza San Marco.*

La façade de la basilique, le Campanile et une partie du palais ducal se dressent au fond de la place.

bordée à droite par le palais royal et à gauche par les Procuraties et la tour de l'Horloge.

La place est animée par une foule de figurines qui circulent de tous côtés.

Gravé par Teyssonnières.

Haut., 70 cent.; larg., 95 cent.

GUARDI
(FRANCESCO)

57 — *La Piazzetta.*

A gauche, l'angle du palais des Doges; à droite, les bâtiments de l'ancienne bibliothèque. Au centre, les deux colonnes de granit que surmontent le lion ailé de Saint-Marc et la statue de saint Théodore.

On aperçoit au loin l'église de Saint-Georges-Majeur.

Sur la place, des promeneurs, des marchands.

Gravé par Léon Gaucherel.

Toile. Haut., 70 cent.; larg., 95 cent.

GUARDI
(FRANCESCO)

58 — *San Giorgio Maggiore.*

Sur le quai, à gauche, la façade principale de l'église, le dôme et le Campanile. A droite, l'île de la Giudecca et l'église du Rédempteur.

Sur le devant de la composition, le grand canal avec de nombreuses gondoles et des chalands qui se croisent en tous sens. A l'horizon, la pleine mer.

Gravé par Boulard fils.

Toile. Haut., 70 cent.; larg., 95 cent.

GUARDI
(Francesco)

59 — *Santa Maria della Salute.*

Des gondoles sillonnent le grand canal, un bateau
de transport est amarré sur la gauche. A droite, sur
le quai, la façade de l'église et, un peu plus loin, les
bâtiments de la douane.

Au loin, le quartier des Esclavons et l'arsenal.

Gravé par Gustave Greux.

Toile. Haut., 70 cent.; larg., 95 cent.

GUARDI
(Francesco)

60 — *La Place Saint-Marc.*

A droite, la façade du palais royal ; à gauche, les
Procuraties et la tour de l'Horloge. Au centre, le
Campanile. Au fond, la façade de la basilique avec
ses dômes et ses clochetons.

De nombreux personnages circulent aux différents
plans de l'immense place.

Ciel bleu traversé de légers nuages aux contours
dorés.

Toile. Haut., 60 cent.; larg., 90 cent.

GUARDI
(Francesco)

61 — *Vue de la Piazzetta, à Venise.*

Les Loges, la partie basse du Campanile et la
façade de la Bibliothèque. Au second plan, auprès

de la colonne de Saint-Théodore, la foule entoure un prédicateur.

Sur la place, des bourgeois, des magistrats en promenade, des marchands de fruits.

Toile. Haut., 59 cent.; larg., 94 cent.

62 — *Autre Vue de la Piazzetta.*

Le palais des Doges et, au second plan, les colonnes du lion de Saint-Marc et de Saint-Théodore. Au fond, la mer et le quartier de la douane. De nombreux personnages animent la place.

Ces deux tableaux, formant pendants, sont de la première manière de l'artiste.

Toile. Haut., 59 cent.; larg., 94 cent.

HAGEN

(Jan Van der)

Né à La Haye en 1635. — Mort en 1679.

63 — *Chasse au renard.*

Sur le bord d'un étang, en forêt, des chasseurs poursuivent un renard forcé par les chiens. A gauche, un chemin se dirige vers une habitation de plaisance.

Les figures et les animaux sont dus au pinceau de Helt-Stokade.

Collection de M. de Malval, de Lyon.

Toile. Haut., 65 cent.; larg., 81 cent.

HALS

(Frans)

Né à Anvers en 1584. — Mort à Harlem en 1666.

64 — *Portrait de femme.*

Dame hollandaise, vue en buste, presque de face, vêtue d'une robe de soie noire. Son visage aux traits accentués, au teint coloré, se détache sur les oreillettes en gaze de son bonnet et sur une fraise plissée et empesée.

Peinture franche, robuste, admirable d'énergie et de naturel.

Bois. Haut., 41 cent.; larg., 33 cent.

HOBBEMA

(Meindert)

Né à Amsterdam en 1638. — Mort en 1709.

65 — *Maison de campagne hollandaise.*

« Un jardin bordé d'ormes, en avant d'une habitation bourgeoise. A gauche, une route qui se contourne sur le premier plan. Le long de la route, quelques figurines, un cavalier et une voiture à deux chevaux.

« Mais l'exécution fait oublier l'insignifiance du sujet. La couleur est forte et juste, la perspective bien graduée, le ciel profond et d'une belle tonalité.

On attribue les figures à Nicolas de Helt-Stokade »
W. Burger.

Signé : *Hobbema.*

Catalogué dans Smith, n° 3o, vol. VI, page 123.

Collections Lanjac, 1808; Erard, 1832; Tardieu,
1841; de Morny, Piérard, Pereire et John W.
Wilson.

Toile. Haut., 97 cent.; larg., 1 m. 22 cent.

JORDAENS
(JACOB)

Né à Anvers en 1593. — Mort en 1678.

**66 — *Portrait de Catherine Van Noort, épouse
de Jordaens.***

Elle a une physionomie ouverte et prévenante. Ses
longs cheveux blonds frisés en spirale descendent le
long des joues. Elle porte une parure de perles, pendants d'oreilles, collier et bracelets. Sa robe de velours
rouge, à parements brodés d'or, est recouverte d'une
guimpe en linon nouée sur la poitrine et ornée d'une
broche en pierreries.

Ses mains tiennent un chasse-mouches en plumes;
elle est assise auprès d'une fenêtre garnie de rideaux
en damas.

Toile. Haut., 92 cent.; larg., 72 cent.

KEYSER
(THOMAS DE)

Né en 1595. — Mort à Amsterdam en 1669.

67 — *Portrait de femme.*

« Vue à mi-corps, elle porte une cornette blanche,

une large fraise et un vêtement noir, orné de quelques broderies. La main droite est à demi fermée, avec bague à l'index. »

Collection Roxard de la Salle. — N° 20 du catalogue.

Bois. Haut., 70 cent.; larg., 55 cent.

LAMPI

(JEAN-BAPTISTE)

Né en 1752. — Mort en 1830. (École allemande.)

68 — *Rêverie.*

Jeune fille rêveuse, représentée en buste dans un paysage. Sa robe blanche décolletée est recouverte d'une ample draperie rose. Ses cheveux blonds, bouclés, sont maintenus par un ruban en soie.

Signé en toutes lettres : *Chevalier Lampi pinxit.*

Toile. Haut., 74 cent.; larg., 58 cent.

LAMPI

(JEAN-BAPTISTE)

69 — *Hébé.*

De face, souriante, une rose dans la coiffure, un bracelet de perles au poignet, elle tient des deux mains une aiguière en or. Une écharpe orangée est passée sur sa tunique en soie verte.

Toile. forme ovale. Haut., 82 cent.; larg., 65 cent.

MACHIAVELLI

(Zenobio dé)

Élève de Benozzo Gozzoli, xvᵉ siècle. (École italienne.)

70 — *Un Saint.*

Il est debout, pieds nus, drapé dans un ample manteau rouge, tenant un livre de la main droite et son bâton de pèlerin dans la main gauche.
Fond doré.

Haut., cadre compris, 1 m. 64 cent.; larg., 60 cent.

MANTEGNA

(École d'Andrea)

71 — *Le Christ au tombeau.*

Le Sauveur est debout dans son tombeau. Deux anges soutiennent une draperie derrière lui.

Bois. Haut., 59 cent.; larg., 35 cent.

MEMLING

(Hans)

Bruges, xvᵉ siècle.

72 — *Le Miracle de la Messe* (triptyque).

Panneau central : un prêtre officie à l'autel sur lequel Jésus lui apparaît, entouré des instruments de la Passion. A gauche, deux diacres agenouillés, dont l'un tient une mitre. A droite, un lévite tenant un cierge.

Volet de droite : saint Jérôme au désert.

Volet de gauche : saint Michel, revêtu de l'armure, tenant en mains les balances de la Justice divine et foulant aux pieds le démon.

Précieux petit tableau. La coloration est d'une grande finesse, le dessin d'un beau caractère.

Hauteur de chaque panneau, 15 cent.; larg., 9 cent.

MENGS

(Antoine-Raphael)

Né en 1728. — Mort à Rome en 1779. (École allemande.)

73 — *Portrait d'un peintre.*

De trois quarts, le visage imberbe, les cheveux poudrés, en robe de chambre violette doublée de soie verte, avec jabot et manchettes en dentelle, il est assis, la palette à la main, devant son chevalet et montre de l'index le portrait auquel il travaille.

Toile. Haut., 83 cent.; larg., 71 cent.

METSU

(Gabriel)

Né à Leyde en 1615. — Mort à Amsterdam en 1658.

74 — *Le Déjeuner frugal.*

Dans une cabane aux murailles rayées de poutrelles et de solives, une vieille femme est assise, les pieds sur une chaufferette, et coupe une tranche de jambon dans un plat en terre rouge, posé à côté d'un morceau de pain, au milieu d'une serviette déployée en manière de nappe sur le tabouret triangulaire qui tient lieu de table. — Table insuffisante, puisque le verre à demi plein a dû être relégué sur le parquet.

La vieille, coiffée d'un capuchon noir, est vêtue d'une robe brune à pèlerine, d'une guimpe de grosse toile et d'un tablier bleu.

Sur le devant, à droite, un chat nettoie un os. A gauche, quelques branches et du bois à brûler. Au fond, une marmite dans l'âtre et un balai contre un des montants de la cheminée sur laquelle sont accrochées une hachette, une poêle, une botte d'oignons et une ardoise portant la signature de l'artiste. Derrière la vieille, une lanterne, suspendue à une poutre.

Œuvre des plus remarquables par l'ampleur de la facture, la vérité de l'effet, la savante interprétation du clair-obscur.

Toile. Haut., 82 cent.; larg., 66 cent.

MURANT

(EMMANUEL)

Né en 1622. — Mort à Leeuwarden en 1700.

75 — *La Ferme hollandaise.*

Une ferme aux murs de briques rouges, à la toiture de chaume, avec son pigeonnier en l'air, en forme de maisonnette au bout d'une perche, a son entrée sur une cour pavée, bordée au fond, sur la rue, par une palissade et limitée, en avant, par un canal où barbotent des canards.

Toile. Haut., 49 cent.; larg., 57 cent.

NEER

(Aart Van der) .

Né à Amsterdam en 1619. — Mort en 1683.

76 — *Crépuscule.*

Il fait presque nuit. L'ombre s'étend peu à peu sur la campagne. Des lueurs rougeâtres permettent encore de distinguer tous les détails du paysage, — un site de Hollande, plat, boisé, traversé par un canal.

A gauche, entre les grands arbres plantés en file au bord de l'eau, s'aperçoivent, rangées le long du chemin, les façades en briques des maisons du village. Un rayon du couchant miroite sur la vitre d'une fenêtre comme une flamme d'incendie.

La berge, à droite, est animée par plusieurs figures : un homme assis, une paysanne qui chemine lentement et un enfant courant après un chien qui aboie après des canards.

Des branches d'arbres, des troncs abattus, gisent sur le sol, au premier plan.

De la meilleure époque du maître.

Gravé par Gustave Greux.

Toile. Haut., 64 cent.; larg., 81 cent.

NEER

(Aart Van der)

77 — *Le Retour des champs.*

Le soleil disparaît derrière les arbres touffus d'une forêt, au-delà d'une rivière que des chariots traversent à gué. Il fait encore grand jour. Les paysans reviennent des champs.

Dans un chemin creux, au premier plan, un villageois mène par la bride un cheval attelé à une charrette sur laquelle une femme se tient debout. Un poulain marche en avant. Plus loin, sur la route, arrive une femme portant un panier sur la tête.

A droite, sur une élévation du terrain, auprès d'un bouquet d'arbres, on voit deux habitations rustiques, entourées de clôtures en planches.

Toile. Haut., 53 cent.; larg., 64 cent.

NETSCHER

(CONSTANTIN)

Né en 1670 à La Haye où il mourut en 1722.

78 — *Les Princesses d'Orange.*

Elles sont représentées en chasseresses, l'une assise, tenant un arc, l'autre debout, emplissant une coquille à une fontaine décorée de dauphins.

Deux levrettes les accompagnent.

Toile. Haut., 71 cent.; larg., 57 cent.

OSTADE

(ADRIAAN VAN)

Né à Harlem en 1610. — Mort en 1685.

79 — *Le Repos sous la tonnelle.*

Au centre de la composition, un homme vu de face, assis sur une chaise de paille, coiffé d'un bonnet brun, vêtu d'une veste bleue et d'une culotte jaune, vient

de retirer sa pipe de sa bouche et contemple avec un
air béat le verre de bière que lui verse une bonne
femme, debout devant la porte du cabaret. Celle-ci
est en robe grise, à manches rouges, avec tablier,
serre-tête et guimpe de toile blanche. Derrière elle,
sur le pas de la porte, une petite fille se penche
en avant avec curiosité. A gauche, un autre personnage, vu de dos, la pipe à la main, est assis sur
un escabeau. A droite, un balai est appuyé contre le
mur. Au fond sont groupées trois autres personnes.
Des pampres grimpent au mur du cabaret, enguirlandent les fenêtres à petits carreaux grillés et se
mêlent avec le feuillage des arbres pour former la ton-
nelle qui ombrage cette paisible scène de repos
rustique.

Signé en toutes lettres.

Collection de M. le baron de Beurnonville.

Bois. Haut., 40 cent.; larg., 36 cent.

RICCI

(SEBASTIANO)

Né en 1662. — Mort en 1734.

80 — *Esther et Assuérus.*

Le roi descend les degrés du trône pour secourir
Esther qui s'évanouit entre les bras de ses suivantes.
A gauche, des dignitaires, des gardes.

Toile. Haut., 49 cent.; larg., 1 m. 29 cent.

RUBENS

(Peter-Paul)

Né en 1577. — Mort à Anvers en 1640.

81 — *La Conversion de saint Bavon.*

Après avoir distribué ses biens aux pauvres, saint Bavon quitte la carrière militaire pour embrasser la vie monastique.

Il est représenté sur le perron d'une église, revêtu de son armure, la couronne à la main, son manteau de pourpre soutenu par deux pages. Il s'agenouille devant deux évêques qui s'avancent pour le recevoir. Derrière lui, des seigneurs montent l'escalier. Au bas des marches, un intendant prend des pièces d'or dans des coupes portées par deux enfants et les donne aux malheureux. A gauche, deux femmes, en riches costumes du xvie siècle, assistent à la conversion du saint et semblent disposées à suivre son exemple.

Première pensée du célèbre tableau de la cathédrale de Saint-Bavon, à Gand.

Très belle esquisse, exécutée d'un seul jet, dans une tonalité blonde, d'un éclat et d'une transparence remarquables.

Bois. Haut., 68 cent.; larg., 47 cent.

RUISDAEL

(Jacob van)

Né à Harlem vers 1625. — Mort en 1682.

82 — *Le Torrent.*

Deux villageois sont arrêtés au milieu d'une passerelle sur un torrent qui se précipite, bouillonnant en écume blanchâtre, dans l'encaissement de rochers couronnés de broussailles et d'arbrisseaux.

Au second plan, une maisonnette s'accroche au flanc d'une montagne verdoyante et plantée d'arbres, que dominent, au loin, les toitures d'un village et le clocher d'une église.

Au milieu du paysage se dresse la cime de la montagne, s'estompant dans la brume, harmonisant ses teintes adoucies avec les nuances blondes des beaux nuages qui montent dans l'atmosphère.

Signé en bas.

Gravé par Gustave Greux.

Toile. Haut., 76 cent.; larg., 93 cent.

SCHOEVAERDTS

(MATHIEU)

Né vers 1667. — Bruxelles.

83 — *Paysage et Figures.*

Au premier plan, des pâtres et leur troupeau défilent sur un quai où s'élève une tour carrée. A droite, sur un canal glacé se meuvent une multitude de personnages, des patineurs, des amateurs de traîneaux, etc.

Bois. Haut., 29 cent.; larg., 45 cent.

STEEN

(JAN)

Né à Leyde en 1626. — Mort en 1679.

84 — *Les Noces de Cana.*

« Jan Steen nous montre la salle du festin au moment où Jésus y apparaît au dernier plan et change en vin l'eau des fontaines.

« L'action se passe dans une salle somptueuse, ornée, au fond, d'un péristyle surmonté d'une galerie où est installé l'orchestre. A droite, les époux et leur famille sont attablés sous un dais formé d'un tapis de Turquie enguirlandé de fleurs. La salle se prolonge vers le fond, décrit un angle droit et continue sous la colonnade.

« Devant les époux, un sommelier, tenant de la main droite un broc, présente à la mariée un verre plein de vin. A ce miracle inattendu, les parents et les convives expriment leur stupéfaction.

« Une servante, portant une cruche et un verre vide, indique à une grand'mère qu'il n'y a plus de vin, tandis qu'à sa suite un petit garçon fait rouler une futaille vide.

« Au centre, une femme richement vêtue, portant un plat enveloppé dans une serviette, et un railleur qui a pris amplement sa part du festin, narguent la crédulité du majordome qui, assis à gauche, le coude appuyé au dossier de son siège, leur annonce qu'un miracle vient de s'accomplir.

« Près de la fontaine, un tonnelier présente à l'incrédule un verre de vin qu'il vient de tirer d'un des nombreuses amphores qu'il a remplies et semble indigné de son manque de foi.

« Un rabbin et une femme, après avoir goûté du breuvage, se rendent à l'évidence.

« D'autres épisodes, très spirituellement traités, complètent cette composition si pleine d'humour et d'observation sagace et profonde. Il faudrait des pages pour analyser entièrement cette œuvre capitale qui se recommande encore par l'harmonie et l'extrême finesse de la coloration. »

Vente San Donato, n° 1126 du Catalogue.

Signé en toutes lettres et daté : 1676.

Toile. Haut., 80 cent.; larg., 1 m. 10 cent.

STEEN

(JAN)

85 — *La Fête des Rois.*

Une famille hollandaise, composée de huit personnes et d'un enfant à la mamelle, célèbre la fête
autour d'une table abondamment servie. C'est une
jeune dame qui a gagné la fève. Assise au bout de la
table, devant la cheminée, la tête ornée d'une couronne en papier, elle boit dans un grand verre. On
l'acclame. Un homme lui présente des gaufres; un
autre, une serviette sur l'épaule, une canette d'étain
à la main, attend que le verre soit vide pour le rem-
plir à nouveau. Une vieille femme, une corbeille sur
la tête en manière de coiffure, a improvisé un violon
au moyen d'un gril sur lequel elle racle avec une
cuiller en bois. Près d'elle, un gamin fait ronfler le
traditionnel *rommelpot*.

Excellent tableau du spirituel artiste.

Signé en toutes lettres sur le manteau de la cheminée.

Toile. Haut., 5o cent.; larg., 68 cent.

TENIERS

(DAVID)

Né à Anvers en 1610. — Mort en 1694.

86 — *Tabagie.*

Assis sur un escabeau, devant une table où sont
posés un pichet, un réchaud et une serviette, un vieux
paysan, coiffé d'un feutre gris, allume sa pipe. A côté
de lui, vu de profil, un jeune homme adossé au mur,

la tête en arrière, lance béatement une bouffée vers le plafond. Plus loin, un troisième fumeur, debout, prend du tabac sur un tonneau de champ et bourre sa pipe. Au fond de la pièce, devant la cheminée, un homme, tenant un verre, cause avec une femme assise, qui se chauffe.

A terre, en premier plan, un vase en terre rouge.

Signé du monogramme.

Bois. Haut., 36 cent.; larg., 28 cent.

TENIERS
(DAVID)

87 — *Devant l'auberge.*

Quatre joyeux buveurs sont attablés en plein air et vident des chopes à qui mieux mieux. Un cinquième personnage, la pipe à la main, s'approche du groupe ; c'est un vieillard à barbe blanche, coiffé d'un bonnet fourré et portant un petit tablier blanc ; il est suivi d'un chien. Une servante sort du cabaret, apportant un plat. Un paysan, son béret rouge rabattu sur le front, regarde par une fenêtre.

A droite, sur le devant, sont groupés divers ustensiles de ménage, des tonneaux, un billot, des poteries, des planches.

Au second plan, une habitation et des arbres.

Signé du monogramme.

Bois. Haut., 46 cent.; larg., 40 cent.

TENIERS
(DAVID)

88 — *La Grotte des bohémiennes.*

Des bohémiennes sont campées dans une grotte.

La plus âgée, une vieille, enveloppée d'une draperie jaunâtre, dit la bonne aventure à un voyageur en veste grise, coiffé d'un bonnet rouge.

L'ouverture de la grotte laisse voir une campagne aride, accidentée, où se dressent d'anciennes constructions en ruines; un colporteur, suivi d'un chien, marche à grands pas sur un sentier.

Charmant petit tableau, d'une coloration blonde et d'un pinceau alerte.

Bois. Haut., 24 cent.; larg., 34 cent.

TENIERS

(DAVID)

89 — *Les Chanteurs.*

Trois paysans, assis au milieu de la pièce, chantent une chanson que paraît goûter fort un autre amateur de musique, debout contre une poutre, les mains derrière le dos, le flageolet passé dans la ceinture. Auprès des chanteurs, une femme, assise, fait boire un marmot. Au fond, un jeune garçon et deux hommes se chauffent à la cheminée.

Bois. Haut., 18 cent.; larg., 24 cent.

TERBURG

(GÉRARD)

Né en 1608. — Mort en 1681. (École hollandaise.)

90 — *Portrait d'une dame hollandaise.*

Représentée en pied dans un salon décoré de tableaux et meublé de chaises et de fauteuils garnis en velours violet. Elle porte une cornette noire, une guimpe en guipure, une robe de soie foncée, avec manches de linon. Elle tient une mantille de soie noire et s'approche d'une table où sont posés des fruits dans un plat d'argent, un pot en grès émaillé et un verre demi-plein. A gauche, un petit épagneul dort, couché sur une chaise. Au fond de la pièce, une porte ouverte.

Toile. Haut., 85 cent.; larg., 70 cent.

TERBURG

(GÉRARD)

91 — *Portrait de femme.*

Représentée de trois quarts, à mi-corps, assise ; en robe de soie noire, cornette de tulle, fraise empesée toute ronde, manchettes garnies de guipure.

Bois. Haut., 18 cent.; larg., 15 cent.

UCHTERVELT

(JACOB VAN)

École hollandaise, XVIIᵉ siècle.

92 — *Le Chien bien dressé.*

Un petit épagneul, au poil blanc taché de roux, fait le beau, le museau levé vers une friandise qu'une joyeuse fillette de cinq à six ans s'efforce d'atteindre pour la lui donner. Le gâteau est tenu en l'air par une dame hollandaise, assise auprès de son mari, qui sourit à cette scène et joue du violon, le pied posé sur une chaise renversée. Le costume de la dame est des plus élégants : corsage de soie blanche à manches très courtes, agrémentées de rubans, et jupe de satin

4

rose bordée d'un large galon en broderie d'or. A droite, devant une cheminée à colonnes, un jeune homme emplit de liqueur un verre posé dans un plat d'argent, sur une table recouverte d'un tapis d'Orient.

Agréable composition, d'une exécution très soignée.

Collection de M. de Malval, de Lyon.

Toile. Haut., 67 cent.; larg., 53 cent.

VELASQUEZ

(Don Diego Rodriguez de Silva y)

Né à Séville en 1599. — Mort à Madrid en 1660.

93 — *Portrait de l'Infante Marie-Thérèse, plus tard reine de France.*

Elle est vue en buste, tournée de trois quarts vers la gauche. Ses cheveux, ondulés en grands rouleaux superposés, sont garnis de rubans et de plumes blanches. Une large pèlerine en gaze recouvre une robe de soie foncée, à broderies d'argent. Un bijou, sur la poitrine, se relie par une chaîne à une agrafe d'or fixée sur l'épaule.

Collections Villasante de Montija et Alfred Stevens.

Toile. Haut., 66 cent ; larg., 56 cent.

VERTANGEN

(Daniel)

Né en 1598. — Mort en 1657.

94 — *Les Baigneuses.*

Des jeunes femmes, après le bain, se reposent sur un tertre au bord de la rivière. Sur l'autre rive, des

pâtres font paître leur troupeau auprès d'un monument
en ruines et d'une cascade qui tombe sur le flanc de
rochers escarpés.

Bois. Haut., 38 cent.; larg., 42 cent. 1/2.

VOLDERS

(L.)

Bruxelles, milieu du xviiᵉ siècle.

95 — *La Partie de musique.*

Plusieurs personnes de distinction se sont réunies
pour faire de la musique dans la cour dallée d'une
élégante habitation de Bruxelles, construite en pierres
et briques, dans le style flamand du xviᵉ siècle.

Au centre du tableau est une dame, assise, un enfant
sur les genoux. Devant elle, un jeune garçon se baisse
pour donner un gâteau à un petit chien. Quatre personnages les entourent : un homme debout appuyé
sur une contrebasse, un autre assis jouant du violon-
celle, un adolescent accordant son violon et enfin
une dame assise tenant un cahier de musique et une
mandoline.

A droite s'approche un seigneur désignant le groupe
à un prélat qui l'accompagne.

A gauche, un serviteur met des flacons à rafraî-
chir dans une vasque en cuivre. Plus loin, une femme
debout derrière une balustrade, tenant d'une main une
guitare, donne de l'autre quelques fleurs à une fillette.
Un jeune seigneur, l'épée au côté, s'éloigne le chapeau à la main.

La balustrade sépare la cour d'un jardin aux murailles tapissées de vigne que surmonte la flèche

élancée de l'hôtel de ville. — A droite, en haut, des armoiries.

Œuvre capitale d'un artiste bruxellois d'un rare mérite et qui marche de pair avec Gonzalès Coques et autres peintres célèbres, ses contemporains.

Signé : *L. Volders fecit* 1666.

Gravé par Edmond Ramus.

Toile. Haut., 1 m. 62 cent.; larg., 2 m. 3o cent.

WITT

(Attribué à EMMANUEL DE)

Né à Alkmaar en 1607. — Mort à Amsterdam en 1692.

96 — *Intérieur d'une église protestante.*

Des groupes de personnages sont espacés dans la nef et les bas-côtés d'une église à arcades ogivales supportées par de grosses colonnes.

Au centre, la chaire est adossée contre un pilier vivement éclairé par un lustre.

Bois. Haut., 6o cent.; larg., 56 cent.

WOUWERMAN

(PHILIPS)

Né à Harlem en 1620. — Mort en 1668.

97 — *Le Départ pour la chasse.*

Au point du jour, les chasseurs sont réunis dans une vaste écurie, traversée par des poutres.

Une dame, en toilette élégante, adresse la parole à un seigneur qui attache son éperon, le pied posé sur un banc. Elle s'apprête à monter sur un cheval blanc qu'un petit page, en habit rouge, maintient par la bride.

Un cavalier demande des renseignements à un valet. Sous la porte, une amazone, le faucon sur le poing, attend le signal du départ.

Importante composition de l'artiste, où l'on compte une dizaine de personnages, neuf chevaux, des chiens, des poules, etc.

Signé du monogramme, à gauche, en bas.

Cuivre. Haut., 47 cent ; larg., 64 cent.

WOUWERMAN

(Pieter)

Né à Harlem en 1623. — Mort à Amsterdam en 1682.

98 — *La Rentrée à la ferme.*

Un paysan enlève le collier d'un cheval blanc, auprès d'une habitation couverte en chaume. A droite, une femme, assise à terre, porte un nourrisson sur ses bras.

Bois. Haut., 38 cent.; larg., 31 cent.

WYNANTS

(Jan)

Né à Harlem en 1600. — Mort en 1677.

ET

VELDE

(Adriaan Van de)

Né à Amsterdam en 1639. — Mort en 1672.

99 — *Terrains éboulés.*

Un troupeau de vaches et de moutons défile sur un

chemin creusé d'ornières qui contourne un monticule sablonneux parsemé de touffes de gazon et frappé d'un rayon de soleil. Deux gros chênes, plantés au bord de la route, se dressent au milieu du paysage.

Agréable petit tableau, d'une extrême finesse de ton et d'une exécution très soignée.

Collection Levy.

Signé des initiales *J. W.*

Toile. Haut., 23 cent.; larg., 28 cent.

ÉCOLE FLAMANDE

(XVIe SIÈCLE)

100 — *Portrait d'homme.*

Personnage, à barbe blonde, vu en buste, de trois quarts, portant un chapeau noir, une fraise, et un surtout bordé de fourrure.

Daté 1564.

Bois, forme ovale. Haut., 10 cent.; larg., 8 cent.

ÉCOLE DE SIENNE

(XIIIe SIÈCLE)

101 — *Triptyque.*

Le panneau principal représente la Vierge sur un trône, entourée d'anges et de saints. Dans le haut, le Christ en croix.

Sur les volets, de saints personnages.

Fond doré.

Haut., 51 cent.; larg., 52 cent.

TABLEAUX MODERNES

DÉSIGNATION

CLASE
(L.)

102 — *Marine.*

Chalands et bateaux de pêche sur une mer calme.
Signé.

Toile. Haut., 70 cent.; larg., 96 cent.

COROT
(Attribué à CAMILLE)

103 — *Le Pont d'Avignon.*

M. Febvre considérait ce tableau comme étant
une œuvre de la jeunesse de Corot.

Toile. Haut., 64 cent.: larg., 79 cent.

COUTURE
(THOMAS)

104 — *Tête de Bacchante.*

De profil, tournée vers la gauche, la tête ceinte
d'une couronne de feuillage.

Bois. Haut., 47 cent.; larg., 37 cent.

DELACROIX

(EUGÈNE)

Né à Charenton-Saint-Maurice en 1799. — Mort à Paris en 1863.

105 — *Le Départ pour le sabbat, dans la vallée de Valpurgis.*

Esquisse.

Toile. Haut., 33 cent.; larg., 40 cent.

DIAZ

(NARCISSE)

106 — *Fleurs.*

Bois. Haut., 46 cent.; larg., 41 cent

DIAZ

(NARCISSE)

107 — *Deux Nymphes et l'Amour.*

Esquisse.

Toile. Haut., 64 cent.; larg., 46 cent.

FRÈRE

(ÉDOUARD)

108 — *La Sortie de l'école.*

La classe est finie; la neige a tombé; les écoliers sont pressés de jouer dans les rues. Ils dégringolent l'escalier, ils se bousculent et se cognent, c'est à qui sera le plus vite en bas. Deux moutards, en tête de la bande, n'ont pu résister à la poussée et culbutent dans la neige. Un autre s'empresse à confectionner une boule. Un grand se lance sur une glissade. Se tenant à l'écart, un bambin moins turbulent s'occupe à rajuster le manteau de sa petite sœur.

Signé : *Édouard Frère*, 1867.

Toile. Haut., 90 cent.; larg., 73 cent.

GÉRICAULT

(THÉODORE)

Né à Rouen en 1791. — Mort à Paris en 1824.

109 — *Courses de chevaux, à Rome (les Barberi).*

Esquisse.

Haut., 20 cent.; larg., 29 cent.

110 — *Avant les Courses.*

Esquisse.

Haut., 23 cent.; larg., 32 cent.

GÉRICAULT

(THÉODORE)

111 — *Un Lion.*

Esquisse.

Haut., 38 cent.; larg., 46 cent.

GUILLEMIN

(ALEXANDRE)

112 — *Le Supplice de Tantale.*

Deux jeunes femmes taquinent un petit garçon; l'une tient en l'air, au-dessus de la tête de l'enfant, une belle grappe de raisin vers laquelle il tend les mains, sans pouvoir la saisir.

Signé et daté 1878.

Bois. Haut., 46 cent.; larg., 55 cent.

GUILLEMIN

(ALEXANDRE)

113 — *L'Improvisateur.*

Dans un village du pays basque, des jeunes filles, groupées devant la porte d'une habitation, écoutent un chanteur qui s'accompagne sur la mandoline, assis sur le dos d'une mule.

Toile. Haut., 60 cent.; larg., 74 cent.

GUILLEMIN

(ALEXANDRE)

114 — *La Provende aux poules.*

Signé : *A. Guillemin.*

Bois. Haut., 42 cent.; larg., 33 cent.

GUILLEMIN

(ALEXANDRE)

115 — *Est-il heureux!*

Signé.

Bois. Haut., 35 cent.; larg., 27 cent.

GUILLEMIN

(ALEXANDRE)

116 — *Une Pêcheuse de Grandcamp.*

Signé : *A. Guillemin.*
Grand Camp.

Bois. Haut., 43 cent.; larg., 31 cent.

GUILLEMIN

(ALEXANDRE)

117 — *Les Vanneuses d'Asseaux.*

Signé.

Haut., 28 cent.; larg., 22 cent.

GUILLEMIN

(ALEXANDRE)

118 — *Pêcheur de homards.*

Signé.

Haut., 35 cent.; larg., 26 cent.

GUILLEMIN

(Alexandre)

119 — *Les Pêcheuses de moules.*

Signé.

Bois. Haut., 24 cent.; larg., 32 cent.

GUILLEMIN

(Alexandre)

120 — *La Cheminée du vieux château.*

Signé.

Bois. Haut., 32 cent.; larg., 24 cent.

ISABEY

(Eugène)

121 — *La Rentrée des pêcheurs, par un gros temps.*

Signé : *E. Isabey.*

Bois. Haut., 39 cent.; larg., 55 cent.

JACQUE

(Charles)

122 — *Poulailler.*

Haut., 24 cent.; larg., 18 cent.

PEYROL-BONHEUR

(Mme JULIETTE)

123 — *Moutons dans les bruyères.*

Par un beau jour d'été, en plein soleil, les moutons disséminés sur un plateau pâturent dans les bruyères, parmi les rochers.

La cime des coteaux met une longue bande bleuâtre à l'horizon, sous un ciel pur, sans nuage, très lumineux.

Signé : *J. Peyrol-Bonheur.*

Toile. Haut., 74 cent.; larg., 1 mètre.

PILS

(ISIDORE)

124 — *Un Moine.*

Il est debout, dans la cour d'un cloître.

Signé : *I. Pils.*

Haut., 33 cent.; larg., 23 cent.

PILS

(ISIDORE)

125 — *Pâtre romain.*

Signé : *I. Pils, Rome.*

Haut., 33 cent.; larg., 23 cent.

RICARD

(Gustave)

126 — *Amphitrite.*

La Déesse des mers, conduite par l'Amour, est nonchalamment étendue sur un dauphin. Elle tient de la main droite, posée sur son genou, le bout d'une écharpe bleue qui ondule dans l'air.

127 — *Triton.*

Étendu sur une coquille en forme de nacelle, il souffle dans une conque. Une banderole rouge, passée sous son bras, flotte au vent. Un Génie des eaux accompagne Triton.

Deux figures décoratives, d'un grand caractère et d'une superbe coloration, digne des plus célèbres maîtres vénitiens.

Toile. Haut., 75 cent.; larg., 1 m. 30 cent.

RAFFET

128 — *Retraite de Russie.*

Haut., 24 cent.; larg., 18 cent.

ROUSSEAU

(Théodore)

Né à Paris en 1812. — Mort à Barbizon en 1867.

129 — *Les Chaumières.*

Le jour se lève. Une villageoise est assise au bord d'une mare où s'abreuve une vache. Un sentier sillonne la prairie. Plus loin, les cabanes aux toitures de chaume surplombant les murs bas, crépis à la chaux, sont à demi cachées par les grands arbres qui se silhouettent sur la pâle clarté du ciel, à l'aube naissante.

Signé en toutes lettres.

Bois. Haut., 13 cent. 1/2 ; larg., 17 cent. 1/2.

STEVENS

(Alfred)

130 — *Le Douloureux Départ.*

Assise dans une salle d'attente, une jeune femme semble profondément affligée de son départ. Elle est en costume de voyage, enveloppée dans un cachemire, et tient un sac en cuir. Un petit chien s'est blotti sur ses genoux.

Signé.

Bois. Haut., 65 cent.; larg., 47 cent.

STEVENS

(Alfred)

131 — *La Lecture.*

Ses longs cheveux tombant sur les épaules, une jeune femme, vêtue d'un peignoir de soie blanche, un livre à la main, est nonchalamment accoudée sur une table, où l'on voit un coffret à bijoux et un vase de fleurs.

Signé.

Haut., 55 cent.; larg., 44 cent.

STEVENS

(Alfred)

132 — *Étude.*

Jeune femme, brune, de profil et en buste.
Signé des initiales.

Toile. Haut., 24 cent.; larg., 18 cent.

TASSAERT

(Octave)

133 — *Le Petit Malade.*

« Il s'est endormi dans un fauteuil garni d'oreillers auprès d'une fenêtre avec rideau vert; sa sœur veille, assise près de lui, tenant un livre sur ses genoux, l'air pensif et inquiet.

« Au fond, une lampe, une carafe, une tasse et un flacon sur une table.

« Au mur, un crucifix et un tableau. »

Signé et daté de 1855.

Collection G. Arosa.

Galerie de M. John W. Wilson, n° 184 du catalogue.

Toile. Haut., 32 cent.; larg., 24 cent.

TROYON

(Constant)

134 — *La Vache au repos.*

Une vache blanche, tachée de roux, est arrêtée

près d'un bâtiment de ferme. Les flancs et la croupe de l'animal, frappés par un rayon de soleil, se modèlent dans une éblouissante clarté.

Haut., 46 cent.; larg., 55 cent.

WILLEMS

(FLORENT)

135 — *La Bonne Aventure.*

« Dans une salle du temps de Louis XIII, une jeune dame blonde, en robe de satin blanc, est assise devant une table sculptée, recouverte d'un tapis brodé.

« Elle a interrompu un travail de tapisserie qu'elle tient de la main gauche pour recevoir une bohémienne à qui elle présente son autre main ouverte.

« Debout, les deux mains appuyées sur le dossier du fauteuil de sa maîtresse, une suivante écoute la prédiction. »

Signé : *F. Willems.*

Gravé par Adolphe Lalauze.

Galerie de M. John W. Wilson, n° 195 du catalogue.

Bois. Haut., 86 cent.; larg., 72 cent.

WILLEMS

(FLORENT)

136 — *Coquetterie.*

Debout au milieu du salon, une jolie femme en toilette de satin blanc, avec col et manchettes en guipure, s'assure dans un miroir à main que la nuance d'un ruban, posé dans ses cheveux blonds, sied à son charmant visage. Un petit chien blanc joue à ses pieds.

Signé : *F. Willems.*

Haut., 49 cent.; larg.. 37 cent.

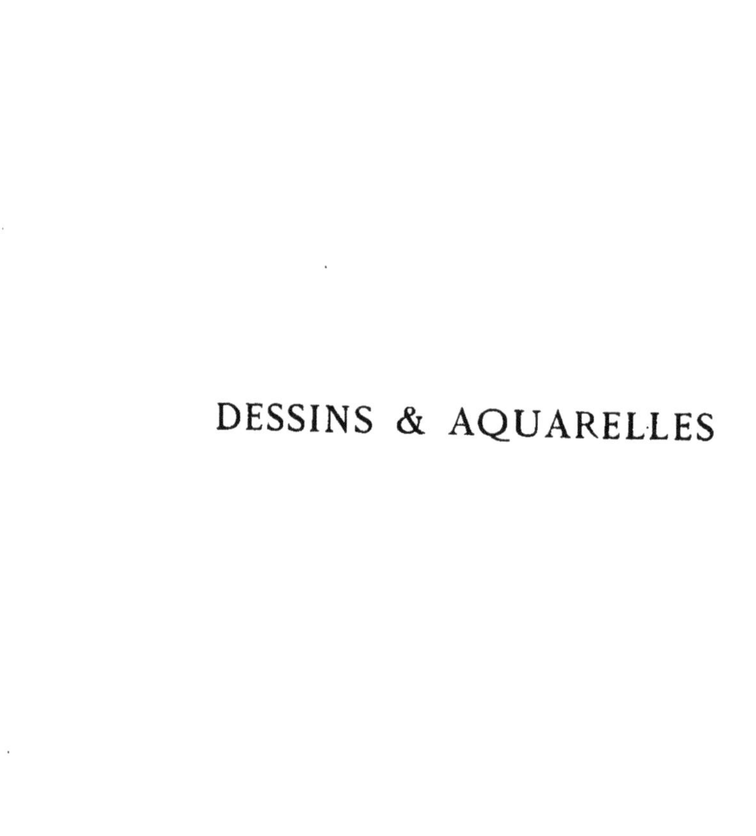

DESSINS & AQUARELLES

DESSINS — AQUARELLES

137 — FREUDEBERG. *Le Retour du moisson-
neur.*

Aquarelle. Composition gravée.

138 — FREUDEBERG. *La Balançoire.*

139 — TROOST (C.) *Scène de comédie.*

Aquarelle accompagnée de la gravure.

140 — TROOST (C.) *Deux Compositions sati-
riques.*

Gouaches avec légendes en hollandais.

141 — DE LARUE. *Enfants bacchants.*

Plume et sépia.

142 — MICHEL (G.) *Vue de ville.*

143 — GREUZE. *Portrait de Mme Greuze, de
profil.*

Crayon noir et sanguine.

144 — HEYDEN (VAN DER). *Ville de Hollande.*

Aquarelle.

145 — DARJOU. *Le Repas.*

> Crayon et aquarelle.

146 — ÉCOLE FRANÇAISE. *Dessin d'un carrosse.*

147 — GRAVURE. — PONTIUS d'après Van Dyck. *Le Prince de Carignan.*

148 — CADRES ANCIENS EN BOIS SCULPTÉ, ET PLUSIEURS BORDURES DORÉES POUR TA-BLEAUX.

149 — CHEVALETS.

150 — CATALOGUES DE VENTES PUBLIQUES.

OBJETS D'ART

DÉSIGNATION DES OBJETS

ÉMAUX CHAMPLEVÉS

DITS **BYZANTINS**

151 — Belle châsse oblongue en forme de maison, en cuivre
champlevé et émaillé en couleurs sur fond doré et finement
gravé à ornements. Sa face principale présente le Christ
en croix entre saint Jean et Madeleine ainsi que deux anges
vus à mi-corps ; à droite et à gauche de cette scène, un
ange debout. Au-dessus, le Père éternel dans un médaillon encadré des symboles des Évangélistes. A droite et
à gauche, deux figures d'apôtres debout sous des arceaux
surbaissés. Tous les personnages ont des faces saillantes
rapportées en cuivre doré et leurs vêtements sont émaillés
en couleurs.

Les faces latérales sont décorées chacune d'une figure
d'apôtre debout, émaillée en couleurs et se détachant sur
le fond gravé réservé. Les détails des têtes sont gravés
et émaillés rouge.

La face postérieure présente des médaillons ronds dorés qui se détachent sur un fond d'émail bleu et qui ren-
ferment chacun une rosace émaillée.

Précieux travail des bords du Rhin. XIIIᵉ siècle.

Haut., 17 cent.; larg., 21 cent.

152 — Châsse oblongue de même forme en cuivre champlevé
et émaillé à fond bleu et figures réservées gravées et dorées.

La plaque inférieure de la face principale représente le
sujet de l'Entrée à Jérusalem, et la plaque supérieure le
Christ assis et bénissant entre quatre figures d'apôtres ; le
fond est rehaussé de rosaces émaillées en couleurs.

Les deux plaques de la face postérieure sont décorées
de rosaces en couleurs sur fond bleu.

Les plaques des faces latérales représentent chacune
une figure de saint personnage debout.

Travail de Limoges. xiii° siècle.

Haut., 20 cent.; larg., 21 cent.

153 — Châsse de même forme, surmontée d'une crête en cuivre
gravé et découpé à jour. Elle est décorée sur une de ses
faces de six figures en cuivre champlevé et émaillé rapportées sur un fond doré, incrusté de chatons colorés imitant l'émeraude et le rubis. L'autre face en cuivre champlevé et émaillé présente cinq bustes d'anges réservés en
cuivre gravé et doré sur fond émaillé. Les plaques latérales offrent chacune une figure de saint personnage aussi
réservée sur fond bleu rehaussé de rinceaux dorés.

Travail de Limoges. xiii° siècle.

Haut., 27 cent.; larg., 23 cent.

154 — Partie inférieure d'une châsse oblongue en cuivre champlevé et émaillé, décorée de bustes d'anges.

Mêmes travail et époque.

Haut., 9 cent.; larg., 20 cent.

155 — Belle crosse en cuivre champlevé et émaillé à écailles
bleues et parties réservées en bronze doré. A l'intérieur
de la volute le sujet de l'Annonciation ; les figures ont les
yeux rapportés en émail. Le nœud se compose de lézards

dont les yeux sont émaillés et qui sont exécutés en relief
sur fond découpé. La douille est garnie de lézards rapportés en relief.

Travail de Limoges. xiiie siècle.

Haut., 35 cent.

156 — Figure-applique de sainte femme debout, en cuivre
battu et doré. Elle tient une flèche de la main droite et
un missel de la main gauche. Sa ceinture est formée d'ornements rapportés en relief.

Travail français du xiiie siècle.

Haut., 38 cent.

157 — Quatre plaques quadrilobées en cuivre champlevé et
émaillé, représentant les symboles des Évangélistes réservés sur fond vert et rouge, entourés d'ornements réservés
sur fond bleu.

Travail de Limoges. xiiie siècle.

Diam., 10 cent.

ÉMAUX DE LIMOGES

158 — Très belle plaque rectangulaire en hauteur. Peinture
en émaux de couleurs avec rehauts d'or et émaux saillants imitant les pierres précieuses, par NARDON PÉNICAUD.
Elle représente le sujet de l'Annonciation.
Composition pleine de charme et exécution remarquable.

Haut., sans le cadre en bois noir, 24 cent.; larg., 21 cent.

159 — Beau triptyque. Peinture en émaux de couleurs, rehaussée d'or et de points saillants imitant les pierres précieuses, attribuée à NARDON PÉNICAUD.

Le tableau central représente le sujet de l'Annonciation, et chacun des volets une figure de saint personnage debout, tenant une banderole portant des inscriptions. Ces sujets sont placés sous des arceaux surbaissés de style ogival.

Pièce remarquable.

Haut., avec la monture en bois et cuivre, 26 cent.; larg., 36 cent.

160 — Autre triptyque. Peinture en émaux de couleurs, rehaussée d'or et de points saillants imitant les pierres précieuses, attribuée à NARDON PÉNICAUD.

Les deux volets représentent le sujet de l'Annonciation et le tableau central le sujet de la Mort de la Vierge ; cette dernière scène se compose de treize figures.

Haut., avec la monture en bois et cuivre, 28 cent.; larg., 37 cent.

161 — Belle plaque carrée. Peinture en émaux de couleurs, attribuée à JEAN Ier PÉNICAUD. Elle représente une scène tirée de l'*Énéide* de Virgile, composition de vingt-deux figures.

Haut., sans le cadre en bois et en cuivre, 22 cent.; larg., 20 cent.

162 — Grande et belle plaque rectangulaire en hauteur. Peinture en grisaille, chairs teintées et rehauts de dorure, par MARTIN DIDIER, dit PAPE.

Elle représente le sujet de la Mise au tombeau.

Au-dessus de la plaque principale, se trouve une autre plaque cintrée, représentant deux anges vus à mi-corps et portant divers instruments de la Passion.

Le monogramme de l'artiste se voit au bas de la grande plaque, à droite.

Haut. de la grande plaque, 24 cent.; larg., 17 cent.
Haut. de la petite plaque, 8 cent.; larg., 17 cent.
Haut. totale du cadre en bois noir et arabesques dorées,
40 cent.; larg., 24 cent.

163 — Plaque carrée. Peinture en grisaille, chairs légèrement teintées, par Martin Didier, dit Pape.

Elle représente le sujet de la Nativité.

Le monogramme de l'artiste se voit au bas de la plaque à gauche.

> Haut., sans le cadre en cuivre doré et velours vert, 15 cent.;
> larg.,12 cent.

164 — Six plaques rectangulaires en hauteur. Peintures en grisaille sur fond noir, chairs teintées et rehaussées de dorure, attribuées à Pierre Pénicaud.

Chacune d'elles représente un des dix Commandements de Dieu, figuré par des groupes de personnages, et est encadrée de cuivre doré et découpé à jour.

> Haut., sans cadre, 11 cent.; larg.,8 cent.

165 — Plaque en forme de losange. Peinture en émaux de couleurs sur fond bleu, attribuée à Léonard Limousin.

Portrait de femme en riche costume du temps, de profil à droite, encadré d'une couronne de laurier. Autour de la tête l'inscription : je suis tibée. Dans l'angle inférieur un écusson armorié et banderole portant la devise : marescit. ocis. virtvs.

> Haut., sans le cadre en cuivre et velours rouge, 18 cent.;
> larg., 18 cent.

166 — Coffret oblong en cuivre doré, orné de cinq belles plaques peintes en grisaille sur fond noir et attribuées à Pierre Raymond.

La plaque du couvercle représente des cavaliers chassant le lion. Cette plaque porte écrite en caractères d'or l'inscription suivante : prenes en gré. se petit don.

La plaque de la face antérieure représente des hommes nus, armés de massues et combattant des lions.

La plaque de la face postérieure, divers personnages nus dans un parc.

Les plaques des extrémités offrent divers groupes d'animaux.

Une de ces plaques porte la date de 1547.

Haut., 12 cent.; long., 20 cent.; larg., 15 cent.

167 — Coffret en bois doré à moulures, orné de cinq plaques peintes en émaux de couleurs et rehaussées d'or sur fond bleu, attribuées à JEAN COURTOIS.

Chacune d'elles représente le triomphe d'une des divinités de la Fable.

Celle du couvercle, Vénus dans un char traîné par deux colombes conduites par l'Amour.

Celles du pourtour : Jupiter sur un char traîné par deux paons, Apollon dont le char est traîné par deux chevaux ailés, la Lune figurée par Diane assise sur un char traîné par deux nymphes et enfin Mercure dont le char est traîné par deux coqs.

Haut., 13 cent.; long., 20 cent.; larg., 14 cent.

168 — Cinq belles assiettes peintes en grisaille, chairs teintées sur fond noir et rehaussées de dorure, par JEAN COURTOIS. Elles représentent cinq mois de l'année (Mai, Juillet, Aoust, Septembre, Octobre), exécutés sur des dessins d'Étienne Delaune. Au marli, mascarons, cariatides, animaux fantastiques, groupes de fruits et ornements. Au revers, motifs variés à cartouches, mascarons, entrelacs et cariatides. Chacune d'elles porte au revers le sigle de l'artiste (I. C.)

Diam., 195 millim.

169 — Assiette. Peinture en grisaille teintée sur fond noir, par PIERRE RAYMOND. 1566. Au fond, scène de repas; au marli, animaux grotesques et ornements ainsi qu'un écusson armorié. Au revers, buste couronné de lauriers dans un cartouche à têtes de chérubins, oves et groupes de fruits

Au marli, rinceaux feuillagés et deux médaillons contenant les initiales P. R. et la date de 1566.

Diam., 21 cent.

170 — Six assiettes. Peintures en grisaille teintée sur fond bleu et rehauts d'or. xvie siècle. Au fond, sujets tirés de la Genèse, et, au marli, rinceaux et ornements. Au revers, rinceaux feuillagés et buste au centre.

Diam., 205 millim.

171 — Salière à pans décorée de six des travaux d'Hercule en grisaille et avec cavité présentant un buste de femme. Travail moderne.

Haut., 85 millim.

172 — Deux jolies petites plaques rectangulaires. Peintures en grisaille sur fond noir et rehauts d'or par Kip. Chacune d'elles représente des guerriers et des cavaliers combattant.

Belle qualité.

Haut., 85 millim.; larg., 10 cent.

173 — Plaque ovale légèrement concave. Peinture en grisaille sur fond bleu rehaussé d'or et attribuée à Léonard Limousin.

Elle représente Vénus et l'Amour.

Haut., 25 cent.; larg., 20 cent.

174 — Plaque rectangulaire. Peinture en émaux de couleurs, attribuée au même artiste. Elle représente deux cavaliers suivant une chasse au cerf. Cadre en bois noir et moulures dorées.

Haut., sans cadre, 13 cent.; larg., 20 cent.

175 — Plaque rectangulaire. Peinture en émaux de couleurs, attribuée à Léonard Limousin. Nymphes nues jouant de divers instruments. Cadre en bois noir à moulures dorées.

Haut., sans cadre, 13 cent.; larg., 20 cent.

176 — Plaque rectangulaire. Peinture en émaux de couleurs, attribuée à Léonard Limousin. Elle représente un sujet de chasse. Cadre en bois noir à moulures en cuivre doré.

Haut., 13 cent.; larg., 28 cent.

177 — Plaque ronde légèrement convexe. Peinture en émau de couleurs et rehauts d'or, par Pierre Raymond. Elle représente le mois de Décembre figuré par la saignée du porc. Cadre carré en velours et moulure de cuivre.

Diam., 16 cent.

178 — Plaque carrée. Peinture en émaux de couleurs, par Pierre Raymond. Elle représente le sujet de la Résurrection.

Haut., sans le cadre en bois doré, 19 cent.; larg., 17 cent.

179 — Plaque carrée faisant pendant à celle qui précède et par le même artiste. Celle-ci représente le Christ et la Samaritaine.

Haut., sans le cadre en bois doré, 19 cent.; larg., 17 cent.

180 — Suite de douze petites plaques ovales. Peintures en émaux de couleurs et sur paillons, attribuées à Pierre Raymond.

Les douze mois de l'année représentés par des sujets exécutés d'après les dessins d'Étienne Delaune. Chaque sujet est encadré de rinceaux d'or sur fond noir.

Ces plaques sont reliées entre elles par une monture de

cuivre doré et appliquées sur velours noir avec encadrement extérieur en velours grenat.

Haut. du cadre, 46 cent. ; larg., 43 cent.
Haut. de chaque plaque, 9 cent.; larg., 11 cent.

181 — Plaque ovale en largeur légèrement bombée. Peinture en émaux de couleurs par PIERRE RAYMOND.

Le mois de Mai représenté par un groupe de trois femmes faisant de la musique, d'après ÉTIENNE DELAUNE. Dans le haut, le signe des Gémeaux.

Cette plaque porte le sigle P. R., dans le bas à droite.

Haut., sans le cadre en bois noir, 16 cent.; larg., 19 cent.

182 — Plaque rectangulaire en hauteur. Peinture en émaux de couleurs sur fond noir, attribuée à PIERRE COURTOIS. Elle représente sainte Barbe debout tenant la palme et portant un livre d'heures. On lit dans le haut en caractères dorés : S. BARBE.

Haut., sans le cadre en velours rouge à moulures de cuivre doré.
23 cent.; larg., 16 cent.

FAÏENCES ITALIENNES

183 — Fabrique de Gubbio. — Petit plat rond. Décor à reflets métalliques rouge rubis et bleu nacré par MAESTRO GIORGIO ANDREOLI, 1528. Il représente le sujet de l'Enfant prodigue gardant les pourceaux, d'après Albert Dürer.

Au revers, le sigle de l'artiste ainsi que la date de 1528 et quelques ornements feuillagés à reflets.

Diam., 21 cent.

184 — Fabrique de Gubbio. — Plat rond à décor à reflets métalliques bleu nacré, attribué au Maestro Giorgio Andreoli.

Au centre, buste de femme de profil à droite, sur fond jaune mordoré; au pourtour, banderole portant le nom de Silvia Bella. Au marli, dauphins, cornes d'abondance, mascaron ailé et trophées d'armes se détachant en couleur sur fond bleu.

Au revers, la date de 1531.

Diam., 22 cent.

185 — Même fabrique. — Coupe ronde à décor à reflets métalliques bleu nacré, représentant un sujet ayant trait à l'histoire de saint Paul. On lit au revers : *Chomme San Paulo batiso licorinti.*

Diam., 26 cent.

186 — Même fabrique. Petit plat rond à décor à reflets métalliques rouge rubis et bleu nacré.

Au centre le nom : Lavra. Au marli, ornements feuillagés sur fond blanc.

Diam., 23 cent.

187 — Même fabrique. — Petite coupe ronde repoussée à bossages et à décor à reflets métalliques rouge rubis et bleu nacré rehaussé de bleu. Au centre, un aigle héraldique en relief. Au marli, larges feuilles, fruits et rinceaux.

Diam., 22 cent.

188 — Même fabrique. — Petite coupe ronde repoussée à bossages et à décor à reflets métalliques rehaussé de bleu. Au centre, saint personnage en prière et rayons au pourtour.

Diam., 19 cent.

— 84 —

189 — Fabrique d'Urbino. — Belle coupe ronde représentant le Jugement de Pâris, d'après Raphael. Elle porte la date de 1539.

On lit au revers : *El giuditio di Parisso in botega di M° Guido durantino.*

Diam., 28 cent.

190 — Même fabrique. — Grand et beau plat rond représentant au fond le sujet de Diane au bain entourée d'un grand nombre de ses compagnes. Le marli présente un riche décor de génies ailés, d'enfants casqués, de trophées d'armes et d'ornements.

Le revers offre, au centre, le sujet du Triomphe de Neptune debout sur deux dauphins et armé du trident.

Liam., 435 millim.

191 — Même fabrique. — Coupe ronde représentant divers personnages en adoration devant une statue placée sous une niche à plein cintre.

Diam., 27 cent.

192 — Même fabrique. — Coupe ronde représentant trois hommes nus dans un paysage, armés de lances et attaquant un sanglier.

Diam., 265 millim.

193 — Même fabrique. — Petit plat rond représentant Adam et Ève chassés du paradis.

Diam., 24 cent.

194 — Même fabrique. — Joli plat rond représentant le Triomphe de Galathée ; composition de huit figures se jouant dans les flots. Dans le fond, paysage montagneux et monuments.

Diam., 27 cent.

195 — Fabrique d'Urbino. — Plat rond. Au centre, le sujet de l'Enlèvement des Sabines. Au marli, figures d'hommes et d'enfants, cariatides grotesques et ornements se détachant en couleurs sur fond noir.

Diam., 3o cent.

196 — Même fabrique. — Coupe d'accouchée, de forme ronde, décorée d'un sujet ayant trait à son emploi et de grotesques sur fond blanc. — Le fond extérieur présente une figure d'Amour et le pourtour des grotesques.

Diam., 22 cent.

197 — Même fabrique. — Encrier ovale à pieds ornés de mascarons et surmontés d'enroulements. Il est décoré de grotesques sur fond blanc.

Larg., 3o cent.

198 — Fabrique de Pesaro. — Plat rond à décor à reflets métalliques bleu nacré. Il représente, au centre, Hercule combattant le lion de Némée, et, au marli, des ornements et des imbrications.

Diam., 40 cent.

199 — Fabrique de Deruta. — Petit plat rond à décor à reflets métalliques mordorés rehaussé de bleu. Au centre, buste de femme de profil ; à droite et au marli, des imbrications.

Diam., 24 cent.

200 — Fabrique de Castel Durante. — Petit plat rond et creux forme dite *cuppa amatoria*. Le fond et le marli sont décorés de trophées d'armes en camaïeu brun sur fond bleu. Au pourtour et formant entre-deux, zone blanche décorée d'ornements au trait.

Diam., 22 cent.

201 — Fabrique hispano-mauresque. — Plat rond à décor à
reflets métalliques mordorés, à feuillages gaufrés en relief
au marli.

Diam., 39 cent.

FAÏENCE DE PALISSY

202 — Plat ovale à huit cavités séparées par des cornes d'abondance. Les cavités du pourtour sont émaillées brun et vert
et la cavité centrale est émaillée vert marbré. L'extérieur
est jaspé.

Grand diam., 34 cent.; petit diam., 25 cent.

FAÏENCES DIVERSES

203 — Plaque ovale offrant en bas-relief le buste de Louis XIV
de profil à droite réservé en faïence blanche. L'encadrement
se compose d'ornements bleus, rouges et jaunes. Moustiers.

Haut., 37 cent.; larg., 34 cent.

204 — Plat oblong à contours en ancienne faïence de Delft,
décor polychrome à fleurs et ornements.

Larg., 41 cent.

205 — Pot à eau forme casque et cuvette oblongue et à pans
en faïence allemande à décor simulant des feuillages verts.

Haut. du pot, 19 cent.; larg. de la cuvette, 32 cent.

SCULPTURES

206 — Ivoire. — Coffret oblong sculpté en bas-relief et offrant au pourtour l'exécution de divers martyrs. Le couvercle offre en deux régistres huit scènes religieuses diverses.
Cette pièce est garnie en cuivre doré.
Travail français du xive siècle.

Haut., 95 millim.; larg., 145 millim.

207 — Ivoire. — Grand diptyque divisé en trois registres et présentant, sculptés en bas-relief et placés sous des arceaux en ogive, les sujets suivants: l'Entrée à Jérusalem, la Résurrection de Lazare, la Cène, le Baiser de Judas, le Lavement des pieds, le Christ au mont des Oliviers et le Christ en croix. xve siècle.

Haut., 25 cent.; larg. totale, 27 cent.

208 — Bois peint et doré. — Deux statuettes-appliques du xvie siècle. Saintes femmes debout.

Haut., 29 cent.

209 — Bois. — Joli petit cadre ovale composé de feuilles dans lesquelles se jouent quatorze enfants. xviiie siècle.

Haut., 25 cent.; larg., 18 cent.

210 — Bois. — Médaillon rond sculpté en bas-relief. Buste de Marie de Médicis de profil à droite. On lit au pourtour : Maria. Avg. Galliae et Navarae regina.

Diam., 65 millim.

211 — Bois. — Haut-relief provenant d'un retable : à gauche, saint Jean et Madeleine ; à droite, deux cavaliers. Allemagne, XVIe siècle.

Haut., 35 cent.; larg., 39 cent.

212 — Ivoire. — Petit groupe. Saint Jean debout, posant le pied sur une tête de mort. XVIIe siècle.

Haut., sans le pied en bois doré, 13 cent.

213 — Terre cuite. — Médaillon rond. Buste d'homme en bas-relief, de profil, à droite. On lit sur le fond : *Aet. svae.* XXVI. *Anno* MDLXXX.

Diam., sans le cadre en bois noir et or, 29 cent.

214 — Marbre tendre. — Bas-relief en hauteur. Le Christ en croix entre saint Jean et Madeleine. XVIe siècle.

Haut., 35 cent.; larg., 23 cent.

215 — Terre cuite. — Buste de Barrère, conventionnel, grandeur nature. Travail du temps.

216 — Terre cuite. — Buste d'homme en costume de sénateur du temps de Napoléon Ier. Grandeur nature.

217 — Marbre blanc. — Deux bustes d'enfants par Lanzirotti, *Petit Faune et petite Bacchante*. Grandeur nature.

218 — Cire rouge. — Groupe de deux chevaux morts, par Mlle la comtesse d'Espiennes. Signé: *J. d'E.* 71.

Larg., 23 cent.

219 — Cire peinte. — Buste de femme en bas-relief. Elle est vêtue d'un riche costume du XVIe siècle.

220 — Cire peinte. — Deux bas-reliefs. Portraits d'homme et de femme vus à mi-corps et portant le costume hollandais du xviiᵉ siècle.

Chacun d'eux est monté dans une boîte dont le couvercle porte des armoiries peintes.

Haut. de la boîte formant cadre, 16 cent.; larg., 13 cent.

221 — Terre cuite. — Buste d'homme en costume Louis XV. grandeur nature.

Haut., 62 cent.

222 — Terre cuite. — Buste du baron Larrey, grandeur nature.

Haut., avec le piédouche en marbre griotte, 63 cent.

223 — Terre cuite. — Buste d'homme supposé être Piron, grandeur nature.

Haut., avec le piédouche en marbre, 52 cent.

BIJOUX

224 — Très belle boîte oblongue en or émaillé en plein du temps de Louis XV et signée LE SUEUR. — Le dessus représente Vénus dans son char ; au fond, un Amour aiguise ses flèches ; au pourtour, chien assis sur un coussin rouge, fleurs, tourterelles et attributs. Chacun des médaillons est encadré de compartiments de fleurs se détachant en couleur sur fond brun.

Larg., 70 millim.

225 — Jolie boîte ronde en vernis de Martin, fond rouge rayé, décorée d'un sujet champêtre d'après Boucher, la Leçon de flûte ; encadré d'ornements dorés.

Diam., 9 cent.

226 — Coffret oblong à angles arrondis en écaille posée et
piquée d'or, décoré de rinceaux, de fleurs et de quadrillages. Travail napolitain. xviie siècle.

> Haut., 10 cent.; larg., 17 cent.

227 — Collier composé de boules d'agate blanche et de boules
d'émail cloisonné du Japon.

228 — Bague d'or du temps de Louis XV, avec chaton formant
rosace et incrusté de rubis et de roses.

MONTRES

229 — Montre à répétition et à double boîtier. Le boîtier
extérieur en or gravé est enrichi d'un portrait de femme
peint sur émail et entouré de jargons. Le boîtier intérieur
est en or et repercé à jour. Époque Louis XVI.

230 — Montre à répétition en or de couleur ciselé à festons de
fleurs et de laurier et portrait de jeune femme peint sur
émail. Époque Louis XVI.

231 — Montre en or gravé et émaillé en plein, décorée de
deux figures dans un paysage. Époque Louis XVI.

232 — Montre analogue à celle qui précède. Celle-ci est décorée
de deux figures de femmes dans un paysage.

233 — Montre en or de couleur ciselé à festons de fleurs et
médaillon portrait de femme peint sur émail. Époque
Louis XVI.

234 — Petite montre en or ciselé et portrait de femme peint
sur émail et encadré de jargons. Époque Louis XVI.

235-237 — Trois montres analogues à celle qui précède mais
plus grandes.

238 — Montre Louis XVI à répétition en or de couleur ciselé
et médaillon émaillé en plein d'après Boucher, sujet champêtre.

239 — Montre Louis XVI en or de couleur ciselé à trophées
d'armes et à fleurs. Elle est enrichie d'un sujet champêtre
peint sur émail.

240 — Montre en or de couleur ciselé et médaillon peint sur
émail en camaïeu et représentant un groupe de deux personnages. Époque Louis XVI.

241 — Montre en or émaillé en plein à fleurs et médaillon,
l'Amour prisonnier.

242 — Montre Louis XVI en or émaillé, à figure de cavalier
en camaïeu brun sur fond opalin.

243 — Montre analogue à celle qui précède, décorée d'une
figurine d'Amour.

244 — Montre à répétition en or gravé, décorée d'un bouquet
de fleurs ciselé en relief et se détachant sur un fond d'émail
bleu.

245 — Montre Louis XVI en or gravé, décorée d'une peinture
sur émail encadrée de jargons.

246 — Petite montre en or émaillé à fond bleu et figurines
d'amours, avec entourage de demi-perles. Travail de
Genève.

247 — Montre en forme de pomme en or gravé et émaillé noir,
décorée d'oiseaux, d'arbustes et de fleurs. Travail de Genève.

248 — Montre en forme de fruit à côtes en or gravé conservant des traces d'émail. Travail de Genève.

249 — Jolie montre Louis XVI en or ciselé et guilloché, décorée de deux branches de laurier émaillées bleu.

250 — Jolie montre Louis XV en or gravé et guilloché à large rosace.

251 — Montre Louis XVI en or de couleur ciselé à perles et trophée.

252 — Montre Louis XVI en or guilloché et couronnes de feuillages conservant des traces d'émail.

253 — Montre de forme octogone en cristal de roche, montée en argent émaillé dans le style du xvie siècle.

ORFÈVRERIE

254 — Grande et belle cafetière en argent repoussé à fleurs et ornements et portant des armoiries gravées. Travail anglais du xviiie siècle. Collection de San Donato.

Haut., 26 cent.

255 — Cafetière de même travail décorée d'ornements rocaille et de fleurs. Le couvercle est surmonté d'une fleur. Collection de San Donato.

Haut., 23 cent.

256 — Vase en forme de balustre à deux anses et à couvercle surélevé en argent repoussé, à ornements et feuilles. Travail anglais. Collection de San Donato.

Haut., 25 cent.

257 — Sucrier ovale de style Louis XVI en argent à anses double serpent et décoré au pourtour de figures de nymphes et de satyres. L'intérieur est en verre bleu.

Haut., 12 cent.; larg., 22 cent.

258 — Tourelle à pans et à clocheton surmonté d'une figurine de guerrier en filigrane d'argent, enrichie de figurines d'animaux et d'ornements-appliques en argent doré. Époque Louis XIII.

Haut., 36 cent.

259 — Calice en argent repoussé et doré, décoré des figures et des emblèmes des évangélistes et à nœud décoré de cariatides ailées. XVIIᵉ siècle.

Haut., 26 cent.

MINIATURES ET ÉMAUX

260 — Boîte oblongue en écaille doublée et montée en or. Le dessus est orné d'une jolie peinture sur émail par PETITOT, représentant un portrait de femme supposé être celui de la grande Mademoiselle. Cet émail est monté dans un cadre à réverbère en or.

Haut. de l'émail, 18 millim.; larg., 10 millim.

261 — Miniature ronde sur ivoire, dans la manière de HALL. — Portrait de femme de trois quarts et tourné vers la gauche. Elle est vêtue d'une écharpe jaune et ses cheveux sont retenus par un ruban rouge. Cadre en cuivre gravé.

Diam., 8 cent.

262 — Grande et belle miniature ovale sur ivoire. — Portrait de la princesse Charlotte, archiduchesse d'Autriche. Elle

est vue à mi-corps et tient une lettre. Sa robe violette est couverte en partie par une écharpe blanche et ses cheveux sont retenus par des perles. Cadre en bronze à perles.

Haut., 16 cent.; larg., 13 cent.

263 — Miniature ronde. — Portrait de Guadet, célèbre Girondin qui fut exécuté à Bordeaux le 18 messidor an II avec Barbaroux et Salles. On lit à gauche, sur une pierre sur laquelle s'appuie le personnage : *G. à Clémentine.*

Diam., 77 millim.

264 — Miniature ronde sur ivoire. — Scène d'intérieur, composition de trois personnages en costumes du temps de Louis XVI. Elle est montée dans un cadre en or ciselé décoré de points d'émail blanc et placée sur une boîte ronde en écaille.

Diam. de la boîte, 80 millim.

265 — Jolie miniature ronde sur ivoire attribuée à CHARLIER. — Nymphe nue accroupie dans un paysage et sortant de l'onde. Cadre en cuivre à perles et ruban.

Diam., sans le cadre, 72 millim.

266 — Jolie petite miniature ronde sur ivoire, du temps de Louis XV. — Portrait de jeune femme coiffée d'une fanchon. Elle est montée sur une boîte ronde en écaille.

Diam. de la miniature. 24 millim.

267 — Miniature ovale sur ivoire signée DAVID. — Portrait de jeune fille, de trois quarts à gauche, vêtue d'une robe blanche et d'une écharpe multicolore.

Haut., 108 millim.; larg., 88 millim.

268 — Médaillon rond peint sur émail et représentant une
bergère Louis XV couchée dans un paysage. Près d'elle,
un mouton et un Amour tenant un flambeau. xviiie siècle.

Diam., 6 cent.

269 — Miniature ovale. — Paysage avec figures mythologiques.
Cadre noir rehaussé de dorure.

Larg., 8 cent.

270 — Miniature ronde sur ivoire. — Portrait d'enfant du
temps de Louis XVI.

Diam., 65 millim.

PORCELAINES DE CHINE

271 — Joli groupe en céladon bleu turquoise. — Personnage
tenant un rouleau et monté à califourchon sur une carpe.
Socle rocaille en bronze ciselé et doré de style Louis XV.

Haut. totale, 27 cent.; larg., 21 cent.

272 — Deux Chimères assises, en céladon bleu turquoise. —
Elles sont montées sur des socles rocaille en bronze ciselé
et doré de style Louis XV.

Haut. totale, 29 cent.; larg., 27 cent.

273 — Deux très grands vases en porcelaine du Japon à décor
bleu à fleurs et médaillons de paysages. Ils reposent sur
des socles en bois sculpté.

Haut. des vases, 94 cent.; haut. des socles, 63 cent.

274 — Deux jolis sucriers cylindriques à deux anses et à couvercle plat, en ancienne porcelaine de Chine, décorés
d'attributs et de fleurs en émaux de la famille verte.

Haut., 15 cent.

275 — Deux chiens assis, se faisant pendant, en ancienne porcelaine de Chine, à décor rouge.

Haut., 25 cent.

276 — Deux Chimères assises, en porcelaine de Chine jaspée de bleu clair et de bleu foncé.

Haut., 25 cent.

277 — Animal assis, en grès émaillé vert sur terrasse bleue.

Haut., 20 cent.

278 — Petite coupe ronde à couvercle en porcelaine de Chine, fond vert gravé et décor de fleurs. Elle est garnie d'une monture en bronze doré.

Haut. totale, 13 cent.

PORCELAINES DE SAXE

279 — Joli groupe de deux figures en ancienne porcelaine de Saxe. Suivant de Bacchus assis sur un tonneau; à ses pieds, un enfant emplit une gourde.

Haut., 29 cent.

280 — Joli petit groupe de deux figures en ancienne porcelaine de Saxe : Diane et Endymion figurés par des enfants.

Haut., 13 cent.

281 — Statuette en ancienne porcelaine de Saxe : le Charpentier.

Haut., 22 cent.

282 — Deux figurines en ancienne porcelaine de Saxe : Joueur de musette et Vielleuse assis.

Haut., 14 et 12 cent.

283 — Joli groupe de quatre figures en ancienne porcelaine de Saxe : la Cueillette des prunes.

Haut., 27 cent.

284 — Grande figure de bergère debout tenant un morceau de musique.

Haut., 26 cent.

285 — Le char d'Apollon, en ancienne porcelaine de Saxe, traîné par trois chevaux en bronze doré et reposant sur un socle en bronze ciselé et doré.

Haut., 27 cent.; larg., 49 cent.

286 — Groupe en ancienne porcelaine de Saxe : l'Air, représenté par une figure de femme et deux enfants.

Haut., 16 cent.

287 — Deux groupes en ancienne porcelaine de Kronenburg, composés chacun de deux figures : bergers et bergères assis sous un arbre.

Haut., 23 cent.

288 — Deux assiettes à bords festonnés et découpés à jour, à fleurs, quadrillages et coquilles, en ancienne porcelaine de Saxe, décorées de bouquets de fleurs.

Diam., 25 cent.

PORCELAINES DE SÈVRES

289 — Belle écuelle ronde, à couvercle et avec plateau ovale en ancienne porcelaine de Sèvres pâte tendre, fond vert pomme rehaussé de dorure, et décorée de bouquets et de festons de fleurs. Époque Louis XV.

Diam. de l'écuelle, 14 cent.
Larg. du plateau, 22 cent.

290 — Grande tasse à deux anses, à couvercle et large soucoupe en ancienne porcelaine de Sèvres, pâte tendre,
décorée de bandes de feuillages et de fleurs séparées
par des filets bleus et des hachures et bandes de dorure.
Époque Louis XVI.

291 — Tasse de forme arrondie avec soucoupe en ancienne
porcelaine de Sèvres pâte tendre, à bord bleu pointillé et
rubans d'or s'enroulant autour de deux filets carmin aux-
quels sont appendus des festons de fleurs.

292 — Tasse droite avec soucoupe en ancienne porcelaine de
Sèvres pâte tendre, à fond bleu, décorée d'oiseaux et de
feuillages rosés et à bandes d'ornements et feuillages au
bord. Époque Louis XVI.

293 — Tasse droite avec soucoupe analogue à celle qui précède.

294 — Grande tasse droite avec soucoupe e.1 ancienne porcelaine de Sèvres pâte tendre, décorée de zones d'ornements dorés sur fond pointillé bleu et entre-deux composé
d'une couronne de fleurs. Époque Louis XVI.

295 — Jolie assiette en ancienne porcelaine de Sèvres pâte
tendre, décorée de bouquets de fleurs au centre et au
marli. Les bords de cette dernière partie sont émaillés
bleu turquoise rehaussé de dorure et décorés de festons
de perles.

296 — Assiette en ancienne porcelaine de Sèvres pâte tendre,
décorée au fond d'ornements et d'une couronne de feuillages. Le marli présente des ornements en couleurs sur
fond violacé.

297 — Assiette analogue à celle qui précède. Celle-ci offre au
centre un médaillon de fleurs sur fond amarante.

298 — Assiette en ancienne porcelaine de Sèvres pâte tendre, décorée au centre et au marli de fleurs, de groupes de fruits et d'oiseaux placés entre des couronnes de feuillages se détachant en or sur fond bleu.

299 — Assiette de même porcelaine décorée de roses et de pensées placées entre des couronnes de feuillages d'or sur fond bleu.

300 — Pot à pommade avec couvercle surmonté d'une fleur, en ancienne porcelaine de Sèvres pâte tendre, fond bleu à œils de perdrix d'or et médaillons bouquets de fleurs.

Haut., 12 cent.

301 — Deux sucriers oblongs et à lobes avec plateaux en ancienne porcelaine de Sèvres pâte tendre, décorés de jetés de fleurs et à filet bleu au bord rehaussé de dorure.

302 — Sucrier de même forme avec plateau en ancienne porcelaine de Sèvres pâte tendre, décoré d'une large bordure à œils de perdrix en bleu rouge et or et à réserves contenant des roses.

303 — Tasse droite avec soucoupe en ancienne porcelaine de Sèvres pâte tendre, décorée d'une large bordure à festons de roses sur fond violacé à œils de perdrix. Époque Louis XVI.

304 — Tasse droite avec soucoupe en ancienne porcelaine de Sèvres pâte tendre, décorée de quadrillages de roses et de feuillages placés entre deux bandes de rinceaux d'or. Époque Louis XVI.

305 — Pied de jardinière en ancienne porcelaine de Sèvres pâte tendre, à ornements découpés à jour et à médaillons de paysages sur fond vert pomme rehaussé d'or. Cette pièce a été montée en encrier en bronze.

3o6 — Pot à eau en vieux Sèvres pâte tendre, fond vert pomme
et médaillon de fleurs.

3o7 — Écuelle et assiette en porcelaine tendre, à œils de perdrix
d'or sur fond bleu, médaillons d'oiseaux et couronne de
fleurs.

3o8 — Deux compotiers carrés à contours en porcelaine tendre
à large bordure bleu de roi, rehaussée de branches de
fleurs et de feuillages en or. Au fond, quatre oiseaux
voltigeant.

OBJETS VARIÉS

3o9 — Hausse-col de la fin du xvie siècle, en cuivre rouge
repoussé, représentant des cavaliers et des guerriers combattant.

3io — Figure de Vierge assise en bronze gravé et doré. Son
trône en bois sculpté est enrichi de têtes de chérubins et
d'ornements en bronze doré. xvie siècle.

Haut., 41 cent.; larg., 28 cent.

3ii — Petite clef en fer à tête formée de deux oiseaux fantastiques accolés et placés debout sur un chapiteau com-
posite.

3i2 — Deux petits vitraux, l'un d'eux portant la date de 1640
et l'autre de 1641. Le premier représente la Vierge et
l'Enfant Jésus, le second un souverain assis tenant la croix.
Chacun d'eux porte des armoiries.

Haut., 33 cent.; larg., 21 cent.

3i3 — Groupe de deux figures en bronze : Diane et Endymion. Italie, xvie siècle.

Haut., sans le socle en bois noir, 41 cent.

3i4 — Deux statuettes d'Hercule debout en bronze doré. Chacune des figures s'appuie d'une main sur les armes parlantes des Scaliger. Italie, xvie siècle.

Haut., 31 cent.

3i5 — Petit boîtier d'horloge en cuivre gravé, doré et repercé à jour, surmonté d'une figurine de guerrier et reposant sur un pied à balustre et à quatre lions couchés en cuivre doré. Cette pièce est garnie d'un mouvement de montre. Époque Louis XIII.

Haut., 23 cent.

3i6 — Médaillon rond en bronze ciselé et doré. Il encadre un buste-applique en cire peinte supposé être celui de La Fayette en costume militaire du temps de Louis XVI. Au revers se trouvent des lettres enlacées.

3i7 — Flambeau en cuivre composé de quatre figures grotesques et d'un animal fantastique.

3i8 — Pendule à cage de style Louis XVI, en bronze ciselé et doré au mat.

3i9 — Deux bras-appliques du temps de Louis XVI, à trois lumières en bronze doré, ornés de rangs de perles et de draperies.

Haut., 47 cent.

32o — Trois anciens jeux de cartes.

32i — Poire à poudre en bois avec long goulot, garnie en argent repoussé à fleurs et animaux. Travail oriental.

3₂₂ — Vase de la Basilicate en terre peinte à figures rouges sur fond noir.

Haut., 35 cent.

3₂3 — Petite boîte de miniaturiste, en ivoire montée en argent.

Long., 11 cent.

3₂4 — Divers vêtements ayant appartenu à Napoléon Ier.

3₂5 — Jeu de loto du temps de Louis XVI, avec cartons peints à la gouache.

3₂6 — Deux coqs debout en émail cloisonné de la Chine. Décorés au naturel.

Haut., 38 cent.

3₂7 — Bas-relief en cire rose appliqué sur ardoise : la Folie et l'Amour. Époque Louis XVI. Il est monté dans un médaillon en bronze doré au mat, surmonté d'un ruban.

Diam., 22 cent.

3₂8 — Petite plaque ovale en hauteur. La Vierge et l'Enfant Jésus, peinture sur émail. XVIIe siècle.

Haut., 90 millim.; larg., 65 millim.

3₂9 — Miniature sur vélin de forme contournée. Portrait du roi Louis XV, portant l'armure et un manteau fleurdelisé.

Haut., 53 millim.; larg., 70 millim.

33o — Deux petites jardinières rondes reposant sur trois pieds bas en émail cloisonné du Japon.

331 — Boîte ronde à compartiments en émail de Canton à fond bleu clair et médaillon de fleurs peintes sur le couvercle.

332 — Quatre groupes et statuettes en bois sculpté et peint du
xvie siècle. Figures de Vierge et de saints personnages
debout.

MEUBLES

333 — Grande bibliothèque en marqueterie de cuivre sur bois,
fermant à deux portes vitrées et garnie de quelques ornements de bronze doré. Époque Louis XIV.

> Haut., 2 m. 60 cent.; larg., 1 m. 40 cent.

334 — Joli médaillier formant chiffonnier et armoire, en marqueterie de bois de rose à vase de fleurs et ornements et à
dessus de marbre très épais. Époque Louis XVI.

> Haut., 1 m. 84 cent.; larg., 70 cent.

335 — Petit meuble d'entre-deux fermant à une porte et à
tiroir, en bois de placage et à dessus de marbre. Époque
Louis XV.

> Haut., 97 cent.; larg., 66 cent.

336 — Petit bureau à dos d'âne en bois de placage. Époque
Louis XV.

> Larg., 80 cent.

337 — Petit cabinet en laque burgauté, avec porte à battant.

> Haut., 30 cent.; larg., 43 cent.

338 — Bureau à dos d'âne en marqueterie de bois à médaillon
et festons de laurier. Il est surmonté d'une vitrine à
quatre vantaux ouvrant à coulisses. Travail hollandais du
temps de Louis XVI.

> Haut., 2 m. 35 cent.; larg., 1 m. 12 cent.

339 — Deux fûts de colonne en acajou avec cannelures et moulures en cuivre poli.

Haut., 1 m. 17 cent.

340 — Quatre fauteuils Louis XIV en bois sculpté foncés en canne.

341 — Deux fauteuils analogues à ceux qui précèdent, couverts en velours grenat.

342 — Table à jouer la bouillotte, en acajou, à moulures de cuivre poli. Époque Louis XVI.

Diam., 1 m. 6 cent.

343 — Deux gaînes carrées en marbre rouge de Flandre, avec chapiteaux en marbre de couleur.

Haut., 1 m. 15 cent.

344 — Petite console Louis XVI de forme cintrée, en bois d'acajou, garnie de cuivre et à dessus de marbre

Larg., 65 cent.

345 — Coffre-fort en fer à deux corps, de Haffner.

346 — Bahut en bois sculpté ouvrant à deux portes et décoré de rinceaux et d'oiseaux.

Larg., 1 m. 57 cent.

347 — Deux petits bahuts flamands fermant à une porte en bois sculpté et montés sur un support à quatre pieds tournés

Haut., 1 m. 57 cent.; larg., 75 cent.

348 — Deux petites étagères encoignures en bois sculpté à colonnettes détachées.

Prof., 35 cent.

349 — Deux étagères de suspension formant armoires en marqueterie de bois à fleurs. Époque Louis XV.

350 — Glace à fronton de style Louis XIII, avec cadre plaqué d'écaille et garni d'appliques en cuivre estampé.

351 — Bahut en bois sculpté à quatre portes en bois sculpté et enrichi de colonnes-appliques. Travail flamand.

Larg., 1 m. 60 cent.

352 — Secrétaire droit du temps de Louis XVI, en bois de rose et garni de bronzes dorés.

353 — Glace à fronton du temps de Louis XIV, avec cadre à compartiments en bois sculpté et doré.

Larg., 80 cent.

354 — Meuble de salon en bois de noyer couvert en tapisserie au point à fleurs et ornements. Il se compose de deux canapés et quatre chaises.

355 — Fauteuil en bois sculpté couvert en tapisserie au point à ornements verts sur fond blanc.

356 — Cartonnier moderne en bois sculpté.

357 — Cinq chaises en bois sculpté foncé en canne.

358 — Petite commode Louis XVI en bois de rose à dessus de marbre de forme cintrée.

359 — Glace avec cadre en bois sculpté et doré du temps de Louis XVI.

360 — Autre glace avec cadre en bois sculpté et doré du temps de Louis XIV.

361 — Console en bois sculpté et peint en blanc à pieds carrés. Travail de la fin du xviii⁰ siècle.

FAÏENCES DIVERSES

ET PORCELAINES

(SUPPLÉMENT)

362 — Potiche à pans et à couvercle en ancienne faïence de Delft, à décor bleu de style chinois.

Haut., 43 cent.

363 — Fontaine d'angle en faïence moderne décorée de fleurs.

364 — Bannette à deux anses en ancienne faïence de Rouen, décor polychrome à fleurs et ornements rocaille.

Larg., 42 cent.

365-370 — Douze plats ronds en ancienne faïence de Delft à décor bleu, variés de dimensions. Ce lot sera divisé.

371 — Plaque cintrée à sa partie supérieure en faïence de Moustiers, à têtes de chérubins en relief et encadrement à décor bleu.

372 — Petite jardinière à deux anses en ancienne faïence de Nevers à décor bleu et manganèse.

373 — Bouteille forme gourde en faïence de Delft à décor bleu.

374 — Deux coupes à fruits et quatre plateaux de même faïence à décor bleu.

375 — Compotier à bords festonnés en vieux Rouen, décor polychrome *au carquois*.

376 — Jardinière cintrée de même faïence, décor *à la corne*.

377 — Fontaine formée d'un buste de saint personnage en terre émaillée brun et vert.

378 — Plat rond à décor polychrome représentant au centre le sujet d'Hercule enfant étouffant les serpents.

379 — Deux réchauds et deux légumiers oblongs à couvercle, en porcelaine de l'Inde à décor bleu.

380 — Jardinière ronde avec plateau en céladon vert d'eau de la Chine à fleurs gaufrées en relief et émaillées blanc.

BRONZES

381 — Deux appliques à deux lumières en bronze ciselé et doré, ornées de guirlandes de fleurs et surmontées de vases. Époque Louis XVI.

Haut., 47 cent.

382 — Petit lustre flamand en cuivre jaune à douze lumières.

383 — Lustre analogue à celui qui précède.

384 — Deux garnitures de pelles, pincettes et balai en cuivre jaune. Travail flamand.

385 — Garde-cendre en cuivre jaune repoussé à ornements et
fruits et portant le double aigle d'Allemagne.

386 — Pendule Louis XVI en marbre blanc et bronze doré
au mat, modèle à pilastres et enrichie de médaillons en
biscuit à fond bleu.